KB216651

습관을 바꾸면
죄를 이긴다

습관을 바꾸면 죄를 이긴다

저자 김병태

초판 1쇄 발행 2020. 2. 5.

발행처 도서출판 브니엘
발행인 권혁선

등록번호 서울 제2006-50호
등록일자 2006. 9. 11.

서울특별시 송파구 백제고분로28길 25 B101호 (05590)
마케팅부 02)421-3436
편집부 02)421-3487
팩시밀리 02)421-3438

ISBN 979-11-90308-12-0 03230

독자의견 02)421-3487
이메일 editorkhs@empal.com

북카페 주소 cafe.naver.com/penielpub.cafe
인스타그램 @peniel_books

도서출판 브니엘은 독자들의 책에 관한 아이디어나 원고를 설레는 마음으로 기다리고
있습니다. 책으로 엮기를 원하는 아이디어가 있으신 분은 위의 이메일로 간단한 개요와
취지, 연락처 등을 보내주십시오. 머뭇거리지 말고 문을 두드리세요. 길이 열립니다.

도서출판 브니엘은 갓구운 빵처럼 항상 신선한 책만을 고집합니다.

한걸음 더 성숙한 신앙을 위한 습관 길들이기

습관을
바꾸면
죄를 이긴다

김병태 | 지음

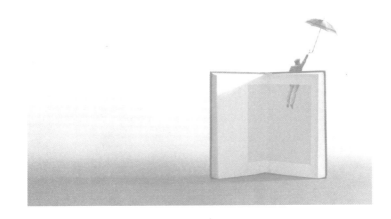

브니엘

어느 땐가 세계적인 거부 빌 게이츠와 워런 버핏이 워싱턴대학교에서 강연을 하게 되었다. 강연이 끝난 후 학생들이 질문했다. 자연스레 나올 수 있는 질문이었다.

"성공할 수 있었던 비결이 무엇입니까?"

그런데 대답은 아주 간단했다.

"가장 중요한 것은 높은 IQ가 아니라 좋은 습관과 긍정적인 생각이지요."

사람은 성공을 꿈꾼다. 성공하기 위한 조건으로 IQ를 계발하는 데 분주하다. 그래서 지나칠 정도로 자녀가 어릴 때부터 영재교육이다 뭐다 학원으로 뱅뱅 돌린다. 세월이 흐른 후에 다 부질없는 일이었다면서 후회할 거면서도. 그런데 알아야 한다. 높은 IQ보다 좋은 습관을 형성하고 긍정적인 생각을 갖게 하는 것이 훨씬 더 중요하다는 사실을.

나는 시골뜨기 출신이다. 어린 시절 농촌의 일반적인 풍경이 있었다. 농번기에는 땀 흘려 열심히 일한다. 그러나 가을 추수를 하고 난 후 농한기인 겨울에는 삼삼오오 모여 술 마시며 화투판을 벌인다. 긴긴 겨울밤은 그렇게 무르익어가곤 했다.

나의 아버지도 그런 사람 가운데 한 분이셨다. 새벽녘까지 끝날 줄 모르는 투전판은 본인에게는 즐거운 일일지 몰라도 가족에게는 큰 불안과 아픔을 안겨주었다. 7남매 자녀들과 살기 위해 농사일로, 감과 사과를 머리에 이고 이 동네 저 동네 돌아다니며 과일장사를 하시던 어머니 속은 오뉴월 가뭄에 타들어가는 논바닥과 같았을 것이다.

그러던 어느 날, 어머니는 참다못해 투전판을 벌이는 주막으로 달려가셨다. 그리고 아버지를 빨리 나오라고 재촉하셨다. 그러나 아버지는 투전판의 즐거움을 포기하고 쉽게 일어설 용기가 없었다. 아니, 이미 중독에 가까운지라 그렇게 할 수가 없었다. 잠시 후, 아버지는 어머니를 끌다시피 집으로 오셨다. 그리고 무자비한 부부싸움이 벌어졌다. 요즘처럼 신사적이고 말로 하는 부부싸움이 아니었다. 어머니는 수없이 폭행을 당하셨고, 우리는 그 광경을 지켜봐야만 했다. 아무런 힘이 없으니까. 처음에는 울면서 매달려 애원도 해보았다. 그러나 아버지는 어린 자녀들의 애원을 들어주실 마음이 전혀 없으셨다. 아무런 힘을 행사할 수 없는 우리 남매들은 그 추웠던 겨울 늦은 밤에 대문 밖에서 그저 넋 놓고 울고만 있을 뿐이었다.

죄를 향해 치닫는 아버지의 술주정, 도박, 폭력습관으로 인해 가족이 얼마나 아파했는지, 얼마나 힘들고 상처가 컸던지! 그러면서 나는 다짐했다. "나는 절대로 아버지같이 술주정하고 도박하는 사람은 되지 않을 거야! 저런 가장은 되지 않을 거야! 저런 남편은 되지 않을 거야! 자녀를 이렇게 아프고 고통스럽게 하는 아빠가 되지는 않을 거야!"

나는 어려서부터 그런 불행한 환경을 반면교사삼아 꽤 착한아이로 자랐던 것 같다. 공부도 잘하는 편이었고. 그런데 초등학교 5학년 때 아버지가 돌아가신 후, 정말이지 공부를 할 수 없는 형편이었다. 그러나 형과 누나의 지원으로 대구로 유학을 나오게 되었고, 고등학교 1학년 때 예수님을 인격적으로 만났다.

예수님을 만나고 난 후로 나에게는 엄청난 변화가 일어났다. 내 삶의 중심이 예수님을 향한 믿음으로 움직였다. 그리고 내가 꿈 꿨던 인생의 비전도 접고 주님의 일을 하고 싶은 욕구에 목사가 되기로 서원했다. 나의 주변 사람들도 신실한 크리스천으로 바뀌었고, 내가 활동하는 생활반경도 교회, 기도원, 집회 장소 등 건전하고 경건한 곳이었다. 그러니 생활습관도 큐티, 전도, 성경공부, 찬양 등으로 엮어졌다. 물론 절대적으로 죄로부터 자유로울 수는 없었지만, 그래도 드러나게 죄를 짓는 삶으로부터 떠나 있었다. 어쩌면 애굽의 보디발 가정의 노예로 팔려간 요셉처럼 하나님 앞에서 코람 데오(Coram Deo)의 삶을 살려는 애씀이 있었던 것 같다.

너무 감사하게도 고등학교 1학년 때 주님을 만났기에 많은 부분에서 좋은 습관이 자연스레 형성되었고, 생각과 감정과 행동도 컨트롤할 수 있는 작은 능력이 생긴 것 같다. 그래서 죄와 악으로부터 멀어지고자 하는 갈망이 있었던 것 같다.

인생은 습관의 모음집이다. 사람은 각종 습관으로 엮어진 존재이다. 좋은 습관이 있는가 하면 나쁜 습관도 있다. 자기 건설적인 습관도 있지만 자기 파괴적인 습관도 있다. 행복을 만드는 습관도 있지만 불행을 가져오는 습관도 있다. 어떤 습관을 가졌느냐에 따라 그 사람의 행복과 불행이 결정되고 성공과 실패가 가늠된다.

그러기에 아름다운 인생을 가꾸기 위해서는 습관을 리모델링할 필요가 있다. 나쁜 습관은 파기하고 좋은 습관을 길들여야 한다. 그래서 영국의 극작가 토마스 데커는 짧은 조언을 한다. "운명은 그 사람의 성격에 의해서 만들어진다. 그리고 성격은 그 사람의 일상생활의 습관에서 만들어진다. 그러기에 오늘 하루 좋은 행동의 씨를 뿌려서 좋은 습관을 거두어들이도록 하지 않으면 안 된다. 좋은 습관으로 성격을 다스린다면 그때부터 운명은 새로운 문을 열 것이다."

어리석은 사람은 대수롭지 않은 사소한 습관이라고 방심한다. 그러나 방심했던 사소한 버릇이 운명을 좌우한다는 것을 알 때쯤이면 이미 후회막급하다. 최근 유명한 운동선수와 연예인들이 음주운전으로 발각되어 성공가도에서 내려앉아야 했다. 잘못 길들여진 나쁜 습관이 한순간에 모든 것을 앗아가 버렸다. 익숙해진 나쁜 습관을 통제하지 못해서 벌어진 일이다.

그러기에 우리는 자신의 습관이 자신에게 어떤 영향을 주는지 심각하게 검토해봐야 한다. 유익하지 못한 습관과 유익한 습관을 분별해야 한다. 어리석은 사람은 덜 중요한 것 때문에 중요한 것을 놓치고 산다. 그러나 지혜로운 사람은 중요한 것 때문에 덜 중요한 것을 포기하며 산다. 어리석은 사람은 오늘을 편하게 즐기기 위해 내일을 희생한다. 그러나 지혜로운 사람은 웃을 수 있는 내일을 맞이하기 위해 오늘의 눈물을 두려워하지 않는다. 어리석은 사람은 인생을 멀리 보지 않고 가까이만 보고 산다. 그러나 지혜로운 사람은 인생을 멀리 보고 준비하는 인생을 살아간다.

남들과 다른 인생을 살려면 나쁜 습관에 의식적으로 저항해야 한다. 나쁜 습관에는 '의식적 제동 걸기'가 필요하다. 체질화된 마이너스 습관을 떨쳐버리기 위해서는 다부진 각오가 필요하다. 일상에서 좋지 않은 습관에 대한 강한 저항의식이 필요하다. 물론 좋은 습관 역시 쉽게 형성되지 않는다. 어쩌면 좋지 못한 습관보다 좋은 습관을 형성시키는 것이 더 어렵다. 그럼에도 자신의 아름다운 인생을 기대한다면 강한 의지력을 발휘해야 한다.

그래서 「절망이 아닌 선택」이란 책을 쓴 정신과의사 디오도어 루빈은 따끔하게 충고한다. "만일 의식적으로 좋은 습관을 형성하려고 노력하지 않으면 자신도 모르는 사이에 좋지 못한 습관을 지니게 된다." 노력 없이 얻을 수 있는 건 없다. 설령 운 좋게 별 노력 없이 얻었다 할지라도 그리 오래 가지 못한다. 습관도 강한 의지와 노력이 필요하다.

만약 혼자만의 노력으로 어렵다면 다른 사람과 연대하는 것도 고려해봐야 한다. 혼자 꾸준히 산책하는 것은 쉽지 않다. 그렇다면 다른 사람과 함께 해보는 것은 어떨까? 조직이나 공동체의 힘을 활용해도 좋다. 개인적인 자발성이 어려울 경우 조직이나 공동체에서 제도적으로 방법을 마련해주면 다소 강제성을 통해서도 소기의 목적을 이룰 수 있다.

어느 사내식당에서 사원들의 건강을 위해 음식을 만들 때 소금량을 30% 줄였다. 그랬더니 야단이 났다. "음식이 왜 이래? 맛없어서 못 먹겠다." 주방장은 어쩔 수 없이 다른 방법을 강구했다. 소금량을 조금씩 줄여가기 시작했다. 사원들이 느끼지도 못한 채 30%까지 줄였다. 소금량을 줄인 후 3년이 지났다. 사원들의 건강을 점검해 보았다. 놀랍게도 고혈압이 40%나 줄어들었다.

나쁜 습관을 지녔다고 낙심할 건 없다. 하루아침에 이루려는 과욕을 부리지 말고, 차근차근 계획을 세워 작은 것부터 성실하게 접근하면 된다. 작심삼일이면 어떤가? 작심삼일을 반복하면 되지. 좋지 않은 습관에만 너무 집착하지 말고 더 좋은 습관을 길들여보라. 그러다 보면 고치려 하던 그 습관이 어디론가 사라지는 경험을 하게 될 것이다.

죄로 이끄는 나쁜 습관을 내 힘으로 감당하기 벅찰 수 있다. 그래서 하나님의 말씀으로 자꾸 돌아가야 한다. 성령의 인도하심에 마음을 둔다면 성령께서 도우실 것이다. 내 힘으로 할 수 없기에 하나님 앞에 엎드려야 한다. 하나님은 자신의 아이콘을 만들기 위해 우리를 빚어나가실 것이다. 예수 그리스도의 형상을 닮는 그날까지 포기하지 말고 달려가면 된다. 이 책이 습관을 리모델링해서 더 나은 인생을 꿈꾸는 당신을 돕는 좋은 안내서가 될 것이다.

습관 인테리어
김병태 목사

C·O·N·T·E·N·T·S
차 례

습관은
자아를
지배한다

CHAPTER 1

길들여진 습관이
인생을 결정한다

어느 날, 우리 교회에서 지역에서 수고하시는 경찰서 직원들을 초청하여 점심식사를 대접했다. 내친김에 경찰 선교를 위해 애쓰는 목사님과 신우회 회원들도 함께 모셨다. 점심은 성도들이 정성껏 준비한 뷔페식이었다. 모두 너무 맛있다고 극찬하면서 행복한 식사시간이 되었다.

식사 후 과일과 차를 마시면서 담소를 나누며 막간을 이용해 참석자들을 소개하는 시간을 갖기도 했다. 대접하는 사람이나 대접받는 사람 모두가 행복한 시간이었다. 모든 순서를 마치고 돌아갈 때쯤 교회에서는 예쁘게 포장한 수건을 선물로 드렸다. 큼직한 크기의 샤워용 수건이기에 분명히 기분 좋은 선물이 되리라 생각했다.

식당 문 입구에서 인사를 마치고 손님들을 배웅하기 위해 주차장으로 갔다. 그때 저쪽에서 경찰서장님이 보였다. 담배를 꺼내서 피우는 모습이….

그러자 옆에서 지켜보던 여자 경찰이 웃으면서 말했다.

"서장님도 참~ 어린애 같으셔! 그 순간을 못 참고서."

식사를 했으니 한 개비 피우고 싶었던 모양이다. 몸에 배어 있던 습관이니 생각할 문제도 아니었을 것이다. 늘 해왔던 생활 패턴일 수도 있다. 습관화된 행동이니 어쩔 수 없을 수도 있다. 그러나 교회 주차장에 어울리는 좋은 풍경은 아니었다.

자기계발 전문가 공병호 씨는 「습관은 배신하지 않는다」라는 책에서 이렇게 말한다. "삶을 가장 확실하게 통제하고, 인생의 소망을 실현시키는 해답은 바로 습관의 변화이다. 이 습관들이 승리하는 삶과 패배하는 삶을 결정한다."

인생은 크고 작은 습관의 뭉치다. 크고 작은 습관들이 어우러져 '나'를 만든다. 크고 작은 습관들이 모여 내 인생의 성적표를 결정한다. 그러기에 멋진 나를 만들기 위해서는 자신의 습관 덩어리를 풀어놓고 점검해봐야 한다. 자신의 일상을 되돌아봐야 한다.

습관, 당신 인생의 주인

「성공하는 아이들의 7가지 습관」을 쓴 숀 코비 박사는 말한다.

나는 누구일까?

나는 항상 당신과 함께 있다.
나는 당신의 조력자가 될 수도 있고
가장 무거운 짐이 될 수도 있다.
나는 당신을 성공으로 밀어줄 수도 있고
실패로 잡아 내릴 수도 있다.
나는 당신의 명령을 따른다.
내가 하는 일의 반을 당신이 나에게 넘긴다면
나는 그 일들을 빠르고 정확하게 처리할 수 있다.

나는 쉽게 관리할 수 있다.
당신은 나에게 엄격하게 대하기만 하면 된다.
당신이 어떻게 하고 싶은지 알려만 주면
나는 몇 차례 레슨 후에 그 일을 스스로 할 수 있다.

나는 모든 위대한 사람의 하인이고
모든 실패한 사람의 하인이다.
위대한 사람은 내가 위대하게 만들었고
실패한 사람도 사실 내가 실패하게 만들었다.

나는 기계처럼 정확하게 인간의 이성을 통해 일하지만
나는 기계는 아니다.
당신은 나를 이용해서 성공할 수 있고 망할 수도 있다.
당신이 어떻게 하든 나에게는 별반 다를 것이 없다.

나를 선택하라.
나를 훈련시켜라.
나를 엄격하게 다뤄라.
그리하면 나는 세계를 당신의 발 앞에 주겠다.
나를 우습게 대하면
나는 당신을 파괴할지도 모른다.

나는 누구일까?

나는 습관이다.

「습관 1%만 바꿔도 인생이 달라진다」라는 책에서 저자 이재준 대표는 이렇게 말한다. "한 사람의 운명을 뒤바꿔 놓는 것은 원대한 비전과 뜨거운 열정, 참신한 아이디어만이 아니다. 작고 사소한 습관 하나만 바꿔도 인생은 얼마든지 달라질 수 있다. 성공하는 사람들은 성공하는 사고방식과 행동방식을 먼저 습관화했기 때문에 성공한 것이다."

습관은 인생의 우연한 방문자일 수 있다. 그러나 머지않아 단골손님으로 자리 잡는다. 그러다가 나중에는 인생의 주인으로 등극한다. 당신은 어떤 주인을 모시고 있는가? 잘못된 습관을 주인으로 모시고 있다면 빨리 청산해야 한다. 그리고 새로운 주인을 만날 준비를 해야 한다. 그렇지 않으면 머지않아 당신의 인생은 낭패를 당하게 될 것이다. 나쁜 습관을 버리고 새로운 습관을 길들이는 용기를 발휘해보라. 절대 후회하지 않는 선택일 것이다.

습관은 마치 내 인생의 그림자와도 같다. 아무리 떼어놓으려 노력해도 내 곁에서 떨어지지 않는다. 습관은 내가 만든다. 그런데 한 번 만들어놓은 습관은 나를 끈질기게 따라다닌다. 그래서 세 살 버릇 여든까지 간다고 하지 않던가! 습관은 우리가 생각하는 것보다 더 끈질기다. 그러기에 습관을 우습게 여겨서는 안 된다.

"저 사람은 어떻게 성공할 수 있었지?" 사실 한 마디 단축키로 단정 짓기는 어렵다. 꿈, 열정, 끈기, 철저한 준비 등 수없이 많은 요소의 합작품이 아니겠는가? 그러나 그 인생 저변에 자리 잡고 있는 것이 있다. 바로 '습관'이라는 복병이다. 그 사람을 움직이고 있는 건 바로 그 사람 안에 자리 잡고 있는 크고 작은 습관들이다. 내가 현재 작가의 길을 걸을 수 있었던 건 바로 어린 시절 일기를 쓰고, 기회가 있을 때마다 시를 쓰던 습관 때문일 것이다. 지금 생각해보면 '시 같지도 않은 시'였을지 모르지만.

인생을 올바로 경영하기 원하는가? 그렇다면 내 인생을 만들어 가는 주인을 바로 찾아야 한다. 간과하기 쉬운 습관, 그는 우리 인생의 주인이다. 그래서 세계에서 가장 많은 책을 출판한 작가 오그 만디노는 「위대한 상인의 비밀」에서 이렇게 말한다. "인간을 성공으로 이끄는 가장 강력한 무기는 풍부한 지식이나 피나는 노력이 아니라 바로 습관이다. 왜냐하면 인간은 습관의 노예이기 때문이다. 아무도 이 강력한 폭군의 명령을 거스르지 못한다. 그러므로 다른 무엇보다도 내가 지켜야 할 첫 번째 법칙은 좋은 습관을 만들고, 스스로 그 습관의 노예가 되는 것이다."

오그 만디노가 말하는 인생 경영은 생각보다 간단하다. "스스로 좋은 습관을 만들어 실천하라. 나쁜 습관을 몰아내면 재능이나 노력에 관계없이 인생을 성공으로 이끌 수 있다"는 것이다. 생각보다 쉽지 않은가? 그것이 바로 당신의 인생이다.

대수롭지 않은 것이라고?

한 아이가 도토리를 가지고 놀고 있었다. 그 광경을 본 플라톤이 "그러지 말라"고 책망했다. 그러자 그 아이는 시큰둥하게 대꾸했다.

"대단하지 않은 일로 책망하시네요."

플라톤은 그 아이에게 말했다.

"습관은 대단하지 않은 일이 아니란다."

일상에서 가지고 있는 작은 습관을 대수롭지 않다고 생각하는 사람이 있다. 그는 습관의 위력을 모르는 자이다. 작은 것의 위력을 실감하지 못한 자이다. 아무리 작은 습관일지라도 그게 바로 인생을 움직이는 힘이다. "바늘도둑이 소도둑 된다"는 말이 있듯이, 알고 보면 사람은 크고 작은 습관에 의해 움직인다.

명문가 출신의 강아지가 있었다. 그는 큰 꿈을 가지고 있었다. 어느 날, 그는 많은 개를 모아놓고 당당하게 선언했다.

"나는 사막을 횡단하겠어."

그러자 많은 친구 강아지가 부러워하면서 축하해주었다.

그로부터 며칠이 지났다. 명문가 출신의 강아지는 충분한 물과 음식을 준비하는 등 만반의 채비를 마쳤다. 그리고 드디어 사막 등

정길에 올랐다.

마을 어른들과 친구 강아지들은 진심으로 축하해주었다.

"꼭 성공하길 기원한다."

많은 이의 환호를 받으며 자신만만하게 사막을 횡단하러 갔다. 그런데 떠난 지 고작 3일 후에 안타까운 소식이 들려왔다.

"사막 횡단에 떠났던 강아지가 비명횡사했다."

물도, 식량도 충분히 가져갔다. 그런데 고작 3일 만에 죽다니! 이게 어찌된 일인가? 어떻게 이런 일이 일어났는지 면밀히 조사해 보았다. 그리고 이런 결론을 내렸다.

"오줌을 참다가 오줌보가 터져서 죽었음."

사막에서 오줌을 참다니? 아무 데나 누면 될 것을? 그런데 이유가 있었다. 이 강아지는 늘 나무나 전봇대에 대고 볼일을 봤다. 그런데 사막에선 아무리 가도 나무나 전봇대가 없었다. 결국 오줌을 참다가 오줌보가 터져서 죽고만 것이다.

우화이기는 하지만 이래도 작은 것이라고 무시할 것인가? 이래도 "그런 걸 갖고 뭘 그래?"라고 말할 것인가? 습관은 우리가 생각하는 것보다 인생을 강하게 옥죄는 쇠사슬이다.

아들인 형규가 초등학교 5학년 때였을 것이다. 어느 날, 형규가 현관을 들어서는데 반가워서 "아들 왔나"하며 껴안았다. 그런데 이게 웬일인가? 형규 몸에서 담배 냄새가 풍기는 것이다. 순간 화가 난 것도 있지만 '가만 두어서는 안 된다'는 생각이 들었다. 집에는 매가 없다. 그래서 찾다가 빨래를 말리는 얇은 쇠로 된 봉을 가지고 왔다. 그리고 아들에게 물었다.

"네가 잘못한 행동에 대해서 몇 대 맞을 거야? 네가 정해."

아들은 아무 말도 없었다. 결국 내가 정했다. 10대로. 3대를 맞더니 주저앉았다. 그러나 여기서 멈출 수는 없었다. 그래서 내 손에 있던 매를 아들에게 주면서 말했다.

"이건 너를 잘못 가르친 아빠에게 책임이 있다. 나머지 7대는 네가 아빠를 때려."

그리고 나는 엎드렸다. 그러나 아들은 아빠를 때리지는 않았다. 다행히^^

나중에 아들이 아내에게 한 말을 들어보니 내가 오해를 했었다. 친구들과 함께 오락실에서 오락을 하고 왔는데 오락실의 담배 연기에 찌든 것이었다. 그 말을 듣고 나는 아들에게 사과했다.

"아빠가 자초지종을 알아보지 않고 너를 때려서 미안하다. 그때 아빠에게 말을 하지 그랬었니. 그러나 누구나 오해할 수 있는 상황이니까 오락실도 조심했으면 좋겠다."

나는 아들이 잘못된 습관이 형성될까봐 아주 단호하게 경각심을 주려고 했었던 게 실수를 하고 만 것이다. 잘못된 습관은 아들의 인생을 옥죄는 쇠사슬이 될 수 있으니까.

그래서 미국의 심리학자 윌리엄 제임스가 말하지 않았던가! "생각이 바뀌면 행동이 바뀌고, 행동이 바뀌면 습관이 바뀌고, 습관이 바뀌면 성격이 바뀌고, 성격이 바뀌면 운명이 바뀐다." 당신이 거듭 반복하는 행동은 습관을 만든다. 그렇게 형성된 습관은 자신만의 독특한 자아를 형성한다. 그러기에 베스트셀러 작가 전옥표 박사는 「습관부터 바꿔라」에서 힘주어 말한다. "불황이라는 단어가 일상이 되어버린 지금, 성과를 창출하기 위해 바꿔야 할 것은 전략이 아닌 일상을 지배하는 습관이다."

인생의 전략은 매우 중요하다. 전략적 공부, 전략적 자녀교육, 전략적 기업경영, 전략적 목회 등. 그래서 아직까지 전략을 구상하기에 급급한가? 그 전에 당신의 일상생활을 지배하는 습관부터 점검해야 한다.

습관은 인생 내비게이션과 같다. 습관은 당신의 인생을 안내하고 만들어간다. 어디로 갈 건지는 당신이 만들어놓은 습관을 보면 안다. 성공을 향해 가기를 원하는가? 그렇다면 성공을 위한 습관을 가지면 된다. 행복한 삶을 향해 나아가기를 원하는가? 그렇다면 행복을 만드는 습관을 기르면 된다. 공부를 잘하길 원하는가? 그렇다면 공부하는 습관을 기르면 된다.

나는 책을 손에 잡는 습관이 있다. 목양실에 있을 때나 집에 있을 때나 내 손에서 책이 잘 떠나지 않는다. 결혼식장을 가도, 장례식장을 가도 내 손에는 책이 들려 있다. 장거리 여행을 할 때면 책을 한 권 독파하곤 한다. 책을 좋아하다 보니 책을 싸게 사는 것도 좋아한다. 그래서 고속도로 휴게소에 쉬게 되면 어느 새 나는 책 파는 코너에 가 있다. 할인을 많이 해주기 때문이다. 그러다 보니 설교하는 데도 많은 도움이 되고 칼럼을 쓰는 데도 유익하다. 더구나 책을 쓰는 작가로서는 꼭 필요한 습관이 아니겠는가?

그렇게 보면 인생 공식이 의외로 쉽지 않은가? 많은 사람이 너무 복잡한 데서 인생 공식을 찾고 있다. 인생 공식을 너무 복잡하게 만들 필요는 없다. 먼저, 크고 작은 습관에서 찾으면 된다.

일상에서의 90%는 습관이라고 한다. 나도 모르는 사이에 나를 움직이는 힘이 바로 습관이다. 이 사실을 깨닫고 습관의 변혁을 시도하는 사람은 아름다운 인생을 만들어 갈 수 있다. 그러나 무의식적으로 지배하는 습관의 힘에 떠밀려가는 사람은 습관의 노예로 전락하고 말 것이다. 이미 알고 있는 성공법칙을 일상생활에서 계속해서 지속시키는 힘이 바로 습관이다. 습관이야말로 당신의 미래를 바꾸는 힘이다.

인생의 성적표는 심은 대로

"내가 보건대 악을 밭 갈고 독을 뿌리는 자는 그대로 거두나니"(욥 4:8). 옛 말처럼 인생에는 콩 심은 데 콩 나고 팥 심은 데 팥 난다. 이 원칙이 무너지면 불행한 사회가 된다. 질서가 깨진다. 바르게 살려는 노력을 빼앗아간다. 그러기에 콩 심은 데 콩 나고 팥 심은 데 팥 난다는 말은 변하지 않는 진실이어야 한다. 설령 순간적으로 반전현상이 나타날 수는 있다. 정직하게 살았는데 사기당하고, 열심히 공부했는데 답안을 잘못 옮겨서 낭패를 보기도 한다. 그러나 언젠가는 정직과 진실이 승리하게 될 것이다.

습관도 마찬가지다. 나쁜 습관은 인생에 도움이 되지 않는다. 편리하고 쉬울 수는 있다. 그러나 인생에 절대 유익하지 못하다. 한순간에는 표시가 나지 않을지 모르지만 나쁜 습관을 고치지 않고 살아가는 사람에게는 결승선에서 비보가 기다리고 있다. 그러나 좋은 습관은 아름다운 인생을 선물로 줄 것이다. 그 습관 때문에 한때는 힘들고 불편할지도 모른다. 손해를 본다는 생각이 들 수도 있다. 그러나 인생의 끝자락에는 큼직한 보상의 보따리가 기다리고 있다. 물론 극소수의 예외는 있을 수 있겠지만.

프랑스의 수도 파리에서 있었던 일이다. 어느 작은 은행에서 창립 초기에 직원을 모집하는 공고를 냈다. 필요한 직원을 모두 뽑고 마감을 하려는데 한 여자가 찾아왔다.

"글쎄요. 어렵게 오셨는데 미안합니다. 마침 자리가 다 찼습니다. 다음에 다시 한번 찾아주시겠습니까?"

젊은 은행장에게 거절당한 여자는 실망한 표정이 역력했다. 빨개진 얼굴을 숨기려고 고개를 푹 숙인 채 발길을 돌려야만 했다. 그런데 마침 바닥에 핀 하나가 떨어져 있었다. 그녀는 평소 습관대로 그 핀을 주워서 자신의 옷자락에 닦은 다음 탁자 위에 얹어 놓았다. 그리고 밖으로 걸어 나가려는 순간, 뒤에서 누군가 다급하게 부르는 소리가 들려왔다.

"아가씨, 잠깐만 기다리세요."

고개를 돌려 보니 그녀를 부른 사람은 젊은 은행장이었다. 여자는 의아한 표정으로 그를 바라보았다.

"조금 전에 당신을 채용하지 않겠다고 했는데 생각이 바뀌었소."

"뭐라고요?"

"내일부터 당장 출근해 줄 수 있느냐는 말이에요."

"그야 물론이지요. 하지만 아까는 채용이 모두 끝났다고 하시더니…."

"앞으로 그 작은 핀 하나를 아끼듯이 우리 은행 일을 해주신다면 내 월급을 쪼개서라도 채용하겠소."

여자가 감격스러운 목소리로 답했다.

"감사합니다!"

기쁜 마음에 그녀의 뺨이 저녁노을처럼 붉어졌다.

그리고 몇 해가 흘렀다. 핀 하나 때문에 채용된 그녀는 은행장의 청혼을 받았고, 이 정직하고 성실한 부부가 정성을 다해 운영한 작은 은행은 파리에서 가장 견실한 은행으로 성장했다.

"몸에 밴 습관이 인생을 좌우한다"는 격언이 있다. 습관의 파워는 절대 무시할 수 없다. 그래서 자기계발 전문가인 브라이언 트레이시 박사는 말한다. "습관은 처음 시작할 때는 보이지 않는 얇은 실과 같지만 이것을 반복할 때마다 점점 두꺼워지고, 우리의 생각과 행동을 단단히 묶어주는 거대한 밧줄이 된다." 내 말과 행동을 동여매고 있는 밧줄을 볼 줄 알아야 한다. 그게 나를 유익하게 하는지, 해롭게 하는지를. 어느 누구도 습관의 힘을 무시하고서도 멋진 삶을 살 수 있다고 말할 수 없다.

어느 일간지 종교부장이 이런 경험을 써놓은 것을 본 적이 있다. 요약하면 이렇다. 몇 년 전, 해외선교여행을 갔다. 그런데 가이드가 실수를 해서 행선지를 잘못 찾아갔다. 가이드는 사색이 되었다. 그때 사람들의 반응은 다양했다. 가이드를 엄청나게 비난하고 책임을 추궁하며 쏘아붙이는 사람이 있었다. 그런가 하면 조용히 눈을 감고 기도하는 사람도 있었다. 어디 그뿐인가? 오히려 가이드를 격려하며 다시 잘 찾아보자고 용기를 주는 사람도 있었다.

물론 이때 보인 사람들의 대응방식은 계속된 일정에서도 비슷했다고 한다. 불평하고 정죄하던 이는 계속 불평과 정죄를 했고, 상황을 긍정적으로 받아들이고 뭐든 감사하던 이는 역시 계속 같은 모습이었다. 한 사람이 보이는 상황에 대한 대응방식은 평소에 몸에 익숙한 습관에서 나온다. 몸에 밴 습관은 크고 작은 일에 그대로 반영된다.

그러면 여기서 의문을 한 번 던져본다. "여행 중에 그들과 동행한 사람들은 어땠을까?" 불평하고 정죄하는 사람은 가이드에게서도, 주변 동행자들에게서도 멀어졌을 것이다. 물론 본인의 마음도 편할 리는 없었으리라. 그러나 긍정적으로 받아들이고 감사하는 사람은 가이드와 좋은 관계 속에서 여행을 즐겼을 것이다. 그뿐만 아니라 주변 사람들에게 좋은 이미지를 주고 즐거움을 주었을 게 분명하다.

인생의 성적표를 기다리는 이여, 그대의 습관을 다시 한번 들여다보라. 그대가 가지고 있는 평소의 습관이 자신의 인생 성적표를 작성하고 있다. 좋은 습관을 길들이는 사람은 좋은 점수를 받는다. 그러나 나쁜 습관을 길들이는 사람은 좋지 못한 점수를 받을 것이다. 혹시 나쁜 습관을 가졌는데도 좋은 성적표를 받았다면, 반대로 좋은 습관을 가졌는데도 나쁜 성적표를 받았다면 그것은 건강한 현상이 아니다. 비정상적인 것을 정상적인 것으로 착각해서 나쁜 습관을 고질화시켜 나가다가는 언젠가 큰코다치는 날이 온다.

자식을 너무나 사랑하는 엄마가 있다. 어느 엄마치고 자식을 사랑하지 않으랴마는 유별나게도 애정을 많이 가진 엄마였다. 그런데 그 딸이 아이를 낳은 지 며칠 되지도 않은 30대 중반의 나이에 암에 걸렸다. 기가 막힌 상황이었다. 엄마는 평소에 교회보다는 세상을 더 좋아하던 선데이 크리스천 집사였다. 그런데 딸에게 이런 질병이 찾아오니 정신이 번쩍 들었다. 하나님을 찾기 시작했다. 기도를 부탁하기 시작했다. 지금은 치료가 잘되어 별일 없이 잘살고 있다. 그때 엄마가 후회하는 것을 보았다. "목사님, 아이들이 어릴 때 삼겹살을 좋아해서 그렇게 즐겨 먹인 것이 후회되네요."

집사님은 하루가 멀다 않고 고기를 구워주었다는 것이다. 그것 때문에 이런 질병이 찾아온 건 아닌가 하는 후회가 밀려온 것이다. 어릴 적부터 고기를 즐겨 먹은 것과 암과의 상관관계는 잘 모르겠다. 또 함부로 말해서도 안 되리라는 생각이 든다. 그런데 분명한 것이 있다. 평소 식습관이 암 발병과 별개는 아니라는 사실이다. 심은 대로 거두는 법이다.

우리나라 최고의 대학 출신 남성이 있다. 그런데 날마다 집안에만 틀어 박혀 있다. 물론 아무것도 하지 않는 것은 아니다. 컴퓨터 앞에 앉아 있다. 주식을 한단다. 온종일 하는 일이라고는 게임과 주식이다. 마흔 살이 넘었지만 장가도 가지 못했다. 그렇다고 돈을 버는 것도 아니다. 그는 홀로 계신 노모의 근심덩어리이자 짐일 뿐이었다. 본인은 '나홀로족'으로 인생을 즐길지도 모른다. 그러나 그 어머니의 심정은 어떨까? 어엿이 사회생활을 하는 걸 보고 싶지 않을까? 아들의 학벌이나 능력을 생각하면 어머니의 복장은 터질 것만 같다.

인생의 성적표가 좋기를 원한다면 좋은 습관을 길들여가야 한다. 나쁜 습관이 하나 둘 늘어나면 내 인생의 성적표는 과락점수를 면할 수 없다. 학생이 성적표 관리를 해야 하듯이, 직장인이 인사고가를 신경 써야 하듯이 인생 성적표를 기다리는 우리 역시 자신의 운명을 결정하는 습관을 지혜롭게 관리해야 한다.

CHAPTER 2
동전의 양면 같은
습관을 분별하라

우리가 가진 습관에는 여러 유형이 있다. 인생에 유익한 플러스 습관이 있는가 하면 인생을 해롭게 하는 마이너스 습관도 있다. 반면 어떤 습관은 유익하지도 않지만 그렇게 해롭지도 않은 습관도 있다. 좋은 습관은 좋은 결과를 낳고 나쁜 습관은 나쁜 결과를 낳는다.

음식을 먹을 때 한쪽으로만 씹는 사람이 있다. 이기수 의학전문기자의 말에 의하면 한쪽으로만 씹는 습관을 가진 사람은 그렇지 않은 사람보다 잇몸질환의 발생률이 더 높고, 그만큼 치아를 잃을 위험도 크다고 한다. 그래서 치과검진을 받아봐야 한다고 한다. 자주 쓰는 치아보다 그렇지 않은 치아가 더 깨끗할 것으로 생각하기 쉽지만 사실은 그렇지 않다. 자주 씹는 쪽의 치아는 식이섬유와 같은 음식물이 치아를 닦아주는 역할을 해서 상대적으로 치아가 깨끗하게 유지된다. 반면 잘 쓰지 않는 치아는 음식 잔여물이 치아 사이에 잘 끼고 쉽게 제거되지 않아 치태를 만들며, 세균감염 우려가 높아지게 된다. 그만큼 잇몸질환이 생겨 치아를 잃을 위험도 커진다. 한쪽 치아만 사용할 경우 치주 질환뿐만 아니라 턱 관절 기능에도 이상이 생겨 맘껏 벌리지 못하게 되고, 안면비대칭으로 안모가 비뚤어지게 될 수 있다. 그래서 음식을 씹을 때 양쪽 치아를 골고루 사용하는 습관을 가져야 한다.

우리가 습관을 다룰 때 좋은 습관은 인생을 배신하지 않는다는 믿음을 갖는 게 중요하다. 좋은 습관을 체질화시키는 건 쉽지 않다. 의지적인 결단이 필요하다. 꾸준한 자기 격려도 요청된다. 내 몸이 익숙한 행동으로 나오기까지는 많은 노력이 필요하다. 주변의 지지와 격려도 있어야 한다. 필요하다면 적절한 통제와 감독도 해야 한다.

한편 나쁜 습관은 인생을 망친다는 확신도 필요하다. 한두 가지 나쁜 습관이 자신의 인격을 대변한다면 어떻게 되겠는가? 그런데 그게 사실이다. 습관은 인격이다. 나쁜 습관은 다른 사람에게 좋지 않은 이미지를 심어줄 수밖에 없다. 그러기에 좋지 않은 습관을 가지고는 성공적인 인생을 경영할 수 없다. 이러한 믿음이 있을 때 나쁜 습관을 피하게 되고 경계하게 된다. 저항하려는 의지가 발동한다.

우리 주변에 즐비한 습관들을 점검해보자. 그것이 나에게 사탄의 얼굴로 다가오는지, 그렇지 않으면 천사의 얼굴로 다가오는지. 자신의 인생을 사탄의 손에 가져다 바치지 않으려면 분별하는 지혜와 수정하는 용기를 발휘해야 한다. 그리고 지속하는 힘을 구축해야 한다. 습관은 단시일에 쉽사리 이루어지는 게 아니니까.

Go! 플러스 습관

내 인생에 도움을 주는 습관을 볼 수 있는 눈이 필요하다. 아름다운 인생을 만들 수 있는 것이라면 귀찮아도 해야 한다. 더 나은 삶을 선물로 준다면 힘들어도 노력해야 한다. 내 인생을 한 차원 끌어올리는 플러스 습관이라면 절친한 친구가 되도록 한층 더 노력해야 한다.

일하는 것도 습관이다. 무슨 일을 하더라도 자기 일처럼 성실하고 책임감 있게 하는 사람이 있다. 이 사회가 요구하는 사람은 바로 자기 일을 포기하지 않고 묵묵히, 변명하지 않고 끝까지 최선을 다하는 사람이다. 그래서 톨스토이는 말한다. "먹을 만큼만 일한다면 그는 한갓 짐승의 인생을 살게 되고, 요구받은 만큼만 일한다면 그는 종의 인생을 살 것이며, 먹을 만큼 이상, 요구받은 것 이상을 일한다면 그는 주인의 인생을 살 것이다.”

짐승 같은 인생을 살 것인지, 종의 인생을 살 것인지, 아니면 주인의 인생을 살 것인지는 내가 일하는 태도에 달려 있다. 일하는 태도도 알고 보면 하나의 습관이다. 적당주의자는 사회에서 인정받을 수 없다. 조직 내에서 인정받으려면 적당히 일하는 습관을 버려야 한다. 맡은 일에 최선을 다해야 한다. 꾀로 일하기보다 야곱처럼 사랑으로 일해야 한다. 억지로 일하기보다 마음으로 충성해야 한다. 충성하지 못하게 하는 요인은 많다. 그러나 끝까지 충성하기로 결단해야 한다. 죽도록 충성하기로 하나님과 약속해야 한다. 비록 빗자루를 들고 남의 집 마당을 쓸더라도 남의 일이 아니라 내 일처럼 생각하고 성실히 해야 한다. 마치 지구의 한 모퉁이를 쓸고 있다는 자부심을 가지고서.

성공적인 인생을 사는 사람들에게는 나름대로 독서습관이 있다. 정계에 뛰어들어 아쉬움을 안기긴 했지만 벤처기업 CEO에서 대학교수가 된 안철수. 그는 초등학교 시절, 거의 하루에 한 권의 책을 읽었다고 한다. 매일 도서관에서 책을 빌려갔다. 그러자 선생님은 ‘책은 읽지도 않으면서 책 뒤의 대출자 명단에 이름 적는 재미로 그러는 게 아닐까’ 라고 오해를 하기도 했다.

"성공한 리더는 독서가이다"라는 말이 있다. 성공한 리더는 일반적으로 책벌레라는 공통점을 가지고 있다. 링컨은 '한 권의 책을 읽는 사람은 두 권의 책을 읽는 사람의 지도를 받게 되어 있다' 는 생각으로 독서에 전념했다. 그는 책을 읽는 데 그치지 않았다. 책을 읽다가 좋은 문장이 나오면 메모를 해놓았다. 그리고 시간이 날 때마다 읽고 또 읽으면서 자신의 것으로 소화했다.

독서는 풍부한 아이디어와 창조적인 사고력을 길러준다. 책을 읽는 사람은 끊임없이 자기계발이 가능하다. 책은 자신의 내면세계를 아름답게 가꾸어준다. 독서는 자신의 감성을 길러주고, 자신이 경험하지 못한 세계를 다른 사람들을 통해 간접적으로 경험하게 해준다. 독서는 전문적인 지식 세계로 안내한다. 그래서 독서하는 사람은 남다른 삶을 즐길 수 있다.

언젠가 우리 부부는 외국을 가기 위해 인천공항으로 갔다. 시간의 여유가 있어서 이곳저곳 기웃거리며 시간을 보냈다. 그런데 아내가 웃으며 말했다.

"참새가 방앗간을 그냥 지나치기도 하네."

나는 무슨 말인지 몰라서 물었다.

"그게 무슨 말이야?"

"서점을 두고서 그냥 지나가기에 한 말이야."

"허허, 사실 서점을 못 봤어."

나는 여행을 하거나 등산을 할 때, 심방을 할 때, 심지어는 화장실을 갈 때도 책을 들고 다닌다. 가끔 아내에게 구박받는 때도 있다. 아내와 야외로 놀러 가는데 손에 책을 들고 가기 때문이다. 때로는 책을 한 번도 들쳐보지 못할 때도 있다. 그래도 책을 손에 잡고 있는 것에 대한 행복함이 있다.

교회 안에는 늘 우거지상을 하고 있는 성도가 있는가 하면 늘 방긋방긋 웃는 성도도 있다. 옛말처럼 웃는 얼굴에는 침을 못 뱉는다. 사실 침울한 얼굴을 한 사람을 대하면 왠지 내 마음도 침울해진다. 그러나 웃는 사람을 만나면 기분이 전환되는 느낌이다. 세상을 살아가는 데 어떻게 늘 웃을 일만 생길 수 있겠는가? 아니, 어쩌면 울일이 더 많을 것이다. 그러나 "웃으면 복이 온다"는 말을 마음속에 새기고 살아가자. 웃을 일이 있어서 웃는 게 아니라 웃으니까 웃을 일이 생긴다는 말처럼.

링컨이 대통령으로 재직하던 때였다. 어느 날, 그를 잘 알고 있던 친구가 찾아왔다. 그리고 어떤 한 사람을 요직에 추천하면서 이렇게 말했다.

"이 사람은 재주가 비상하니 일을 맡겨 보면 어떻겠나? 반드시 그 일을 잘 감당할 걸세!"

링컨은 추천받은 사람을 만나보자고 했다. 그런데 링컨은 추천

받은 사람과의 면담 후에 그를 임명하지 않았다. 그 후에 친구가 다시 찾아왔다. 친구는 그 사람을 쓰지 않은 이유가 무엇인지 물었다. 그때 링컨은 이렇게 대답했다.

"추천한 사람의 얼굴이 마음에 들지 않아서 거절했네!"

친구는 링컨의 말에 놀라서 이렇게 물었다.

"이보게, 사람의 얼굴이야 본인의 책임이 아니라 부모의 책임 아닌가?"

그러자 링컨은 웃으면서 말했다.

"여보게, 사람은 나이 마흔이 되면 자기 얼굴에 대한 책임을 져야하네. 추천해준 사람을 만나 보니 재주는 많아 보였는데 얼굴에서 덕을 찾아볼 수 없었다네. 솔직히 미안한 말이지만 그 사람의 얼굴은 성경 한 구절도 안 읽어 본 사람 같았네!"

성숙된 사람은 삶이 아무리 복잡하고 힘들어도 웃을 수 있는 마음의 여유를 발휘할 줄 안다. 내면의 웃음은 인격의 표현이다. 환경의 좀벌레가 자신의 내면세계를 갉아먹지 않도록 조심해야 한다. 겉으로 드러나는 얼굴의 웃음은 내면세계의 표현이자 인격의 열매이다. 거친 광풍 속에서도 바다 저 깊은 곳은 잔잔하고 고요하다. 폭풍이 휘몰아쳐도 고도 저 높은 상공은 평온하다. 그렇다. 우리는 마음의 고요와 평온을 찾아 항해해야 한다.

사람들이 나에게 두 가지 별명을 지어주었다. 하나는 단추 구멍, 다른 하나는 살인미소다. 단추 구멍은 눈이 너무 작기 때문에 붙여준 별명이고, 살인미소는 내 눈에는 늘 미소를 머금고 있기 때문에 붙여주었다. 사람들은 내 얼굴을 보면서 스마일 목사라고 한다. 이 말이 싫지 않다. 그런데 스마일 목사가 된 것은 하루아침에 이루어진 게 아니다. 미소를 습관화한 나의 오랜 세월이 준 선물이다. 어떤 분은 내 미소를 벤치마킹하려고 애쓰기도 한다. 그러나 결코 쉬운 일은 아니다.

사색하는 습관은 엄청난 정신 유산이다. 예수님은 분주한 사람들의 틈바구니를 빠져나와 혼자 있는 시간을 즐기셨다. 회심한 바울은 사역의 현장으로 뛰어들기 전에 아라비아 광야에서 깊은 사색과 묵상에 잠겼다. 모세는 미디안 광야에서 장인의 양을 치는 목동으로 지내며 깊은 사색의 시간을 보냈다. 독일의 대문호 괴테는 평생 성장하는 사색가로 살았고, 빌 게이츠는 최고경영자 자리에 있었을 때 1년에 두 번 아무도 모르는 곳으로 홀로 떠났다. 거기에서 2주 동안 오직 사색만으로 하루를 보냈다.

깊은 사색은 복잡한 생각을 단순하게 정돈하고, 절망 속에서도 희망을 길어내게 만들며, 어둠의 세계를 지나 광명의 세계로 나아가게 한다. 깊은 묵상과 사색을 통해 사탄의 전략에 맞설 아이디어를 얻기도 한다. 그래서 하나님은 항상 깊이 생각하는 사람에게 지혜를 선물로 내려주신다. 생각하는 사람만이 창조적인 아이디어를 얻을 수 있고 발전을 거듭할 수 있다. 남들보다 나은 삶을 살고 싶은가? 그렇다면 항상 사색하는 습관을 가져라. 머리가 안 좋다고 핑계를 둘러대지 말라. 대신 머리를 쓰지 않는 자신을 자책하라. 머리가 좋은 사람도 늘 깊이 사색하는 사람을 이길 수는 없다. 그래서 슈바이처는 말했다. "사색하는 것을 포기하는 것은 정신적 파산 선고와 같은 것이다."

Stop! 마이너스 습관

내 인생을 한 차원 끌어올리는 플러스 습관이 있는데 반해 내 인생을 한 차원 끌어내리는 마이너스 습관도 있다. 마이너스 습관이 발견되면 빨리 멈춰야 한다. 멈추기를 주저하다 보면 나도 모르는 사이에 절벽으로 치닫게 된다.

한 무리가 관광버스를 타고 변산반도에 놀러갔다. 오랜만에 신나게 놀러 간 것이다. 젓갈이 유명한 곳이라고 해서 겸사겸사 젓갈 직판장에 들렀다. 같은 버스에 탔던 아주머니들은 너도나도 앞다투어 젓갈을 샀다. 그리고 버스가 출발하던 찰나에 아주머니 한 분이 탔다. 그때 앞에 있던 다른 아주머니가 엄청 큰소리로 말했다.

"니, 젓통 챙겨 가!"

그 순간 버스 안은 완전 뒤집어졌다.

그렇게 매력 있는 말은 아니었지만 한바탕 웃음을 던져주는 말이다. 우리 입에서 나오는 말은 중요하다. 입에서 나오는 말이 그사람의 인격을 보여주고, 그 사람의 영적인 수준을 가늠하게 한다. 입에서 나온다고 해서 다 말은 아니다. 말 같아야 그게 진짜 말이다. 유익하지 않은 말, 아픔과 상처를 주는 말, 남을 속이고 해하는 악한 말은 나오면 나올수록 손해다. 자신도 손해이고, 다른 사람이나 공동체에도 손해다. 이런 말은 아끼고 침묵할수록 지혜롭다.

더구나 "막말은 관 속에서도 하지 말라"는 말이 있다. 그런데 막말을 함부로 늘어놓는 사람들이 많다. "초등학교 나왔죠? 부인은 대학교 나왔다면서요? 마약 먹어서 결혼한 것 아니에요?" 언뜻 듣기에도 상식 이하 수준의 말이다. 그런데 어느 현직 부장판사가 한 말이다. 기가 막히지 않을 수 없다. 아무리 감정이 격앙되었다 하더라도 재판 도중에 피고인을 심문하는 과정에서 이런 막말을 하는 것은 용납될 수 없다. 우리의 인격을 좀 먹는 언어습관은 하루빨리 청산해야 한다. 잘못된 언어습관 때문에 관계를 망친다. 우리 입에서 나오는 말은 영성의 척도이다.

예수님이 삭개오를 만나 그의 집에 가서 하루를 묵겠다고 하셨다. 그런데 무리의 반응을 보라. "뭇 사람이 보고 수군거려 이르되

저가 죄인의 집에 유하러 들어갔도다 하더라"(눅 19:7). 무리와 예수님을 잘 비교해보라. 무리는 비난과 정죄의 프레임을 가지고 사람과 상황을 판단한다. 삭개오를 보고 죄인이라고 정죄한다. 맞는 말이다. 그러나 무서운 말이다. 예수님이 죄인이라고 불리는 삭개오의 집에 들어가는 것을 비난한다. 일리가 있다. 그러나 정작 더 중요한 것을 놓치고 있다.

그러나 예수님은 어떤가? 용납과 용서의 프레임을 가지고 접근하신다. 삭개오가 어떤 사람인지 너무 잘 아신다. 그가 잃어버린 자임을 잘 아신다. 그가 아브라함의 자손이 될 자격이 없음도 잘 아신다. 그러나 아브라함의 자손이라고 말씀하신다. 구원받았음을 선포하신다. 하나님 왕국의 일원으로 받아들여주신다. 사람을 바라보는 생각과 시각 자체가 다르시다.

당신이 세상과 사람, 그리고 환경을 바라보는 시각과 프레임을 점검해보라. 그것도 습관이다. 당신의 사고패턴이다. 하나님이 이방인 선교를 위해 환상을 보여주셨을 때 베드로는 자신이 가지고 있던 고정관념 때문에 하나님을 설득하려고 대들었다. "나는 절대로 부정한 음식을 먹은 적이 없습니다." 그는 이방인 백부장 고넬료 가정의 구원을 통해 이방인 선교의 큰 비전을 보여주시는 하나님의 생각을 몰랐던 것이다.

미루는 습관을 가진 사람들이 있다. "조금 있다가 하지 뭐." "내일 하지 뭐." "내년에는 꼭 해야지." 그런데 미루는 사람은 언젠가 큰 사고를 치고 만다. 일을 하더라도 제대로 해낼 수 없다. 시간에 쫓기게 될 테니까. 나의 아내는 자질구레한 쓰레기를 거실 탁자에 모아두는 습관이 있다. 그런데 나는 쓰레기가 나올 때마다 즉각 일어나서 버리곤 한다. 생활습관이 다르다.

세상에는 세 종류의 사람이 존재한다. 첫째는 무엇을 해야 좋은지 모르는 사람이다. 둘째는 무엇을 해야 할지는 알지만 하지 않는 사람이다. 셋째는 무엇을 해야 할지 알고 행동으로 옮기는 사람이다. 미국 수정교회 창립자 로버트 슐러 목사는 말한다. "나는 아무것도 해보지 않고 성공했다고 자랑하는 것보다 차라리 위대한 일을 시도했다가 실패하고 싶다."

현대그룹 정주영 회장이 어렸을 때의 일이다. 어느 날, 나루터에 도착했다. 빈털터리임에도 한참을 망설이다가 배에 올랐다. 배를 타고 가다가 뱃사공이 뱃삯을 거뒀다. 결국 뱃삯이 없어 뺨을 맞고 욕을 들었다.

"네 이놈, 어떠냐? 후회하지?"

"네, 아저씨."

"후회할 짓을 왜 해, 이놈아! 조그만 놈이 공짜로 배를 타다니!"

그때 어린 정주영이 대답했다.

"뺨 맞은걸 후회하는 게 아니라 뺨 한 번이면 배를 그냥 탈 수 있는데 탈까 말까 미룬 시간 때문에 후회하고 있어요."

왜 미루어서는 안 되는가? 시간은 기다려주지 않기 때문이다. 지혜로운 사람은 스스로 마감 날짜를 정해놓고 살아간다. 오늘 할 일은 오늘 마쳐야 한다. 사탄의 공격무기가 바로 미루는 것이다. 그런데도 인생이 파탄되도록 미루는 습관에 머무를 것인가?

늘 불평불만으로 가득 찬 사람들을 본다. 그들은 그것이 마이너스 습관인 줄도 모른다. 우리는 때때로 불편한 환경과 여건 때문에 불평불만을 터뜨린다. 그러나 불편한 환경과 여건이 우리의 삶을 훨씬 더 아름답고 멋진 삶으로 만들어 갈 수 있다. 그저 주어진 환경과 여건에 불만을 품고 그것이 바뀌기만을 바라서는 안 된다. 피동적인 인생이 아니라 능동적인 인생을 사는 사람은 환경을 새롭게 바꾸며 살아간다. 좋아하지 않는 일이라고 불평할 필요는 없다. 요셉은 자신을 상인에게 팔아넘겨 노예 신세로 만들어놓은 형들을 원망하지 않았다. 악을 선으로 바꾸시는 하나님을 신뢰했기에, 불평과 원망이 자신의 인생을 망칠 수 있음을 알기에.

이나모리 가즈오는 일본에서 가장 존경받는 3대 기업가 중 한 사람이다. 그는 '살아 있는 경영의 신'으로 불린다. 그가 자신의 저서 「왜 일하는가」에서 하는 말을 들어보자.

"인생을 행복하게 보내려면 자신이 좋아하는 일을 해야 한다고 말하는 사람이 많다. 자신이 좋아하는 일을 해야 능률이 오르고 집중할 수 있다고 말이다. 그러나 처음부터 자신이 좋아하는 분야를 선택해 평생 자신의 직업으로 삼는 사람이 얼마나 될까? 애석하게도 그런 사람은 1,000명 중 한 명이 될까 말까다. 더구나 자신이 좋아하는 회사에 들어갔더라도 본인이 희망하는 부서에 배치되고, 자신이 원하는 일을 하는 사람은 1만 명 중 한 명도 되지 않는다. 그렇다면 1,000명 중 999명, 1만 명 중 9,999명은 불행하고 좋아하지도 않는 일을 억지로 해야 하기 때문에 능률이 떨어진다고 봐야 할까? 그렇지 않다. 오히려 자신이 좋아하지 않는 분야에서 출발했지만 그 분야에서 두각을 나타내는 사람이 크게 성공할 수 있다. 문제는 많은 사람이 '내가 좋아하지도 않는 일'을 하고 있다며 스스로를 비하하고 불만스러워한다는 것이다."

요즘 젊은이들의 트렌드 가운데 하나가 바로 '욜로족'이다. 여기서 YOLO는 'You only live once'의 줄임말로써 '단 한 번뿐인 인생, 후회 없이 순간을 즐기라'는 뜻을 담고 있다. 오늘, 현재 하고 싶은 일을 하며 즐기며 살자는 것이다. 그러나 한 번쯤 다시 생각해봐야 한다. 세상에는 즐겁지 않아도, 하기 싫어도 해야만 하는 일도 많다는 것을, 먼 훗날 후회하지 않기 위해 좋은 일만 하면서 살 수 없다는 것을.

마이너스 습관을 품는 자는 그 인생이 머지않아 잿더미로 변할 것이다. 마이너스 습관은 근처에도 접근하지 말아야 한다. 이미 친구로 두었다면 자신의 아름다운 인생을 위해 빨리 도망쳐야 한다.

성도에게 어울리는 습관은?

나는 목사라는 신분을 잊지 않으려고 애쓴다. 심방할 때도 사람들이 볼 수 있도록 성경책을 손에 들고 다닌다. 물론 선물로 받은 심방용 가방도 있다. 그런데 가방은 들지 않고 성경책을 손에 들고 다닌다. 왜? 사람들이 보도록. 그렇게 해서라도 목사라는 신분에 더 걸맞은 삶을 살고 싶은 욕구 때문이다.

나는 우리 아이들에게 묻곤 한다. "너희 학교나 식당에서 기도하니? 혹시 남들이 볼까봐 은근슬쩍 기도하는 척 넘어가는 건 아니겠지?" 나는 우리 아이들이 그리스도인인 것을 자랑스러워했으면 좋겠다. 아니, 모든 그리스도인이 그래야 한다. 그리고 그리스도인의 신분에 어울리는 삶의 옷을 입어야 한다.

고결한 품격을 가진 귀족은 그냥 만들어지는 것이 아니다. 왕자가 내시처럼 행동하고 살아서는 안 된다. 내시와는 다른 왕자가 되기 위해 피나는 왕자수업을 거쳐야 한다. 그런 과정을 거쳐야 내시와는 다른 품격을 가진 왕자로 탄생할 수 있다. 습관도 그렇다. 그리스도인의 신분에 맞는 습관이 있고, 그렇지 않은 습관도 있다. 이것을 분별할 줄 알아야 한다. 신분에 맞지 않는 옷을 입고 있다면 어색하다. 빨리 갈아입어야 한다. 그리스도인은 그리스도로 옷 입어야 한다.

이것이 내 인생에 덕이 되는 플러스 습관인지, 해가 되는 마이너스 습관인지 분별하는 지혜가 필요하다. 불평하고 불만을 토로하는 습관, 쉴 새 없이 담배를 피우는 습관, 별일 아닌데도 쉽게 분노하는 습관, 권위와 질서에 도전하고 대드는 습관, 가래침을 아무 데나 내뱉은 습관, 아무 곳에서나 쓰레기를 버리는 습관, 다른 사람을 모함하고 험담하는 습관, 도벽이나 중독이 있는 습관, 불평하고 탓하는 습관, 책임을 전가하는 습관, 거짓말을 둘러대는 습관, 오늘 할 일을 내일로 미루는 습관, 성급하게 서두르는 습관, 상대방을 혹평하고 비난하는 습관, 그 정도는 아닐지라도 손가락을 빠는 것, 머리카락을 잡아당기는 것, 코나 안경을 만지작거리는 것, 혀를 날름거리는 것, 이기심 등은 해로운 습관이다.

그러나 우리 인생에 유익한 플러스 습관도 많다. 날마다 규칙적으로 성경을 읽는 습관, 무시로 성령 안에서 기도하는 습관, 하늘을 바라보며 늘 찬양하는 습관, 매사에 감사하는 습관, 남을 칭찬하고 자랑해주는 습관, 따뜻한 말로 위로하고 격려하는 습관, 질서를 지키고 권위에 순종하는 습관, 맡은 일에 충성하는 습관, 약한 자를 돌보고 도와주는 습관, 약속을 잘 지키는 습관, 하는 일에 최선을 다하는 습관, 주변을 청결하게 하는 습관, 예의 바르고 공손한 태도, 규칙적인 운동, 알맞은 수면, 절제 있는 식습관이나 독서하는 습관 등은 좋은 습관이다.

좋은 습관은 나쁜 습관처럼 몸에 쉽게 배지 않는다. 그런데 불행하게도 나쁜 습관은 좋은 습관보다 훨씬 더 쉽게 몸에 밴다. 의도하지도 않았는데 내 곁에 둥지를 틀고 앉아 있다. 나쁜 습관은 쫓아내기도 어렵고 힘들다. 그러나 좋은 습관은 쉽게 없어진다.

흡연은 건강에 좋지 않다는 것을 모두가 잘 안다. 대부분의 사람들은 호기심으로 한두 번 입에 댔다. 그런데 나중에는 끊기가 어려울 정도로 발전한다. 습관으로 형성된 흡연을 끊는다는 것은 너무 힘들다. 얼마나 힘들면 교회 주변에서 담배를 피우다가 발각되는데도 계속 피우고 있는 성도가 있을까? 어떤 청년의 아버지는 자기 집 안방 화장실에서 담배를 피우신다고 한다. 때로는 안타까운 마음도 들어서 이런 생각을 한다. '그렇게 눈치를 보면서도 피워야 하나? 그 사람 입장에서 생각해보면 강도짓을 한 것도 아닌데….' 불쌍한 생각도 든다. 차라리 담뱃값을 아주 많이 올리면 안 피우지 않을까?

사실 대부분의 습관은 사소하게 시작된다. 그러나 그것이 미치는 영향은 너무나 크다. 나쁜 습관은 들이기는 쉽지만 그것을 정리하는 데는 너무 많은 출혈을 각오해야 한다. 그러기에 좋지 않은 성향은 처음부터 흉내도 내지 말아야 하고, 그 모양이라도 버려야 한다.

하나님 왕국의 시민이 아무렇게나 살아서야 되겠는가? 왕 같은 제사장인 하나님의 자녀에게는 그들 나름의 삶의 방식이 있다. 멋진 모자를 쓰고, 긴 턱수염을 하고, 기다란 담배 파이프를 물고 있는 모습이 멋진 광경으로 느껴져서는 안 된다. 그건 크리스천에게 맞지 않는 삶이다.

하나님의 사람이라고 하면서 작은 일에도 참지 못하고 분노를 터뜨린다면 실망스럽지 않은가? 그런 사람은 주변 사람들에게 절대 사랑받을 수 없다. 하나님의 자녀이면서도 진실하지 못하고 툭하면 거짓말을 일삼으며 살아간다면 절대 하나님의 사랑을 받을 수 없다. 아니, 가까운 사람들로부터도 따돌림을 당하게 될 것이다. 성령을 모신 사람이 다른 사람을 아프게 하는 말을 한다면 그 안에 계시는 성령이 탄식하실 것이다. 결국 그는 가까웠던 사람들까지 잃어버리게 될 것이다. 그리스도인이라고 하면서도 불친절하고 다른 사람을 무시한다면 실망스러운 일이다. 나쁜 습관을 갖고 있는 것이기 때문이다.

내가 좋아하는 목사님 가운데 한 분이 목포 사랑의교회 백동조 목사님이다. 늘 웃는 모습이 좋다. 불편한 몸임에도 하나님의 왕국을 위해 열심히 뛰는 모습이 좋다. 내가 특별히 그분을 좋아하는 데는 이유가 있다. 그분은 다른 사람을 추켜 세워주기를 잘한다. "훌륭한 강사님, 잘 지내셨어요?" "존경하는 목사님~" 늘 웃는 그분의 입에서 나오는 말은 들으면 들을수록 기분 좋은 말이다.

그런데 어떤 사람은 만나기만 하면 짜증스럽다. 회 뜨기를 너무 잘한다. 누군가를 도마에 올려놓고 칼로 자근자근 다지는데 기가 막힌 솜씨다. 남을 비난하고 험담하는 그와 잠시 대면하고 있노라면 피곤하다. 빨리 그 자리를 탈출하고 싶다.

심리학자이자 정신분석학자인 윌슨 프로랜스 박사는 「좋은 인생 좋은 습관」에서 이렇게 강조한다. "부자와 가난뱅이, 행복한 사람과 불행한 사람, 성공한 사람과 실패한 사람의 차이는 학력이나 능력보다는 습관이 그 사람의 운명을 가장 많이 결정한다. 따라서 습관을 바꾸거나 변화시키면 그 사람의 인생도 완전히 달라질 수 있다."

달라진 인생을 살고 싶은가? 마이너스 습관을 플러스 습관으로 바꾸어라. 성공한 사람은 좋은 습관을 지니고 있는 반면, 실패한 사람은 나쁜 습관을 가지고 있다. 성공적인 인생을 위해서는 마이너스 습관을 청산하는 용기를 발휘해야 한다. 해야 하는 일이라면 내면에서 일어나는 욕구도 미뤄두어야 한다. 아니, 뼈를 깎는 고통이라도 감수해야 한다. 그래야 무지개처럼 화려한 인생을 선물로 받을 수 있다.

그래서인지 프랑스의 수학자이자, 물리학자이며, 종교사상가인 파스칼은 말한다. "습관은 제2의 천성이요, 제1의 천성을 파괴한다"고. 좋은 습관을 형성하면 본인이 가지고 있는 기존의 습관은 사라질 수 있다. 그러기에 우리는 플러스 습관을 계발하는 데 더 주력해야 한다.

거룩한 불만으로 시작하라

바보 같은 사람은 탓하는 습관을 가지고 있다. 많은 유산을 물려주지 않은 부모를 탓한다. 남들보다 IQ가 높지 못한 것을 탓한다. 자신이 원하는 삶으로 나아가도록 주변 환경이 따라주지 않는다고 탓한다. 실패한 원인을 모두 외부의 탓으로 돌린다. 불행한 원인을 주변 사람들의 탓으로 돌린다. 탓하는 습관을 가진 사람은 아리스토텔레스가 한 말을 되새길 필요가 있다. "탁월함은 훈련과 습관이 만들어낸 작품이다. 탁월한 사람이라서 올바르게 행동하는 것이 아니라 올바르게 행동하기 때문에 탁월한 사람이 되는 것이다. 자신의 모습은 습관이 만든다."

희망적인 미래는 좋은 습관을 만든 자신이 준 선물이고, 비극적인 미래는 마이너스 습관을 만든 자신이 둔 악수이다. 누구를 탓할 이유가 없다. 플러스 습관을 만들지 못한 자신의 어리석음을 한탄할 뿐이다.

변화를 두려워하지 말아야 한다. 그런데 변화를 적으로 생각하는 사람들이 있다. 지혜로운 사람은 변화를 친구로 여기면서 동행한다. 변화는 불편하고 고통스럽다. 그러나 변화 없는 성장과 발전은 없다. 변화는 가장 적극적인 창조행위이다. 변화를 시도하는 자만이 찬란한 내일을 기약할 수 있다. 변화는 고통보다 더 가치 있는 미래를 가져온다. 변화시킬 수 없는 것이라면 받아들이는 용기가 필요하다. 그래야 편안해진다. 그러나 변화시킬 수 있는 것을 가지고도 끙끙거리는 것은 어리석은 일이다. 비록 조금 과도한 노력이 필요할지라도 변화시킬 수 있는 것이라면 과감하게 변화를 시도해야 한다.

어떤 사람이 인생의 정상을 선점할 수 있을까? 습관을 정복한 자가 남보다 먼저 정상에 오른다. 그래서 미국의 석유 왕 폴 게티는 이렇게 말한다. "습관이 가진 위대한 힘의 진가를 알아야 한다. 그리고 습관을 창조하는 것이 훈련이라는 사실을 이해해야 한다. 자신의 미래를 깨뜨릴 습관을 미리 깨뜨려야 한다. 그리고 성공을 쟁취하는 데 도움이 될 습관을 길러야 한다. 그러기 위해서는 필요한 훈련을 받아들여야 한다."

자신의 미래를 깨뜨릴 습관을 그냥 두고 본다면 그건 너무 무책임한 사람이 아닌가? 아니, 바보 같은 인간이 아닌가? 습관에 의해 자신의 미래가 송두리째 뽑히지 않기 위해서는 마이너스 습관의 변화를 모색해야 한다. 어떤 습관도 가능성의 문은 활짝 열려 있다. 노력 여하에 따라 얼마든지 변화시킬 수 있다.

나는 오래전에 충현교회 부목사로 부임해서 첫 설교를 했다. 첫 설교라 그런지 교역자들과 성도들의 관심이 집중되었다. 첫 설교를 마치고 교역자실로 들어섰다. 모두가 은혜를 받았다고 한마디씩 해주었다. 사실은 그냥 하는 인사치레 정도였을 것이다. 나도 큰 의미를 두지 않았다. 그런데 의미 있는 말 한마디가 있었다. 당시 팀장으로 섬기고 있던 선배 목사님의 말이었다.

"김 목사님, 은혜로운 설교였어요. 그런데 하나 고쳤으면 하는 게 있어. '~습니다' 라고 할 때 '습' 자를 얼버무리는 습관이 있더라."

그 순간, 흔쾌하지는 않았다. 전혀 모르고 있었던 사실이다. 내 설교를 유일하게 직접적으로 모니터링하는 아내도 모르고 있던 사실이다. 그날 저녁, 아내와 함께 확인 작업을 했다. 정말 그 지적이 옳았다. 그날부터 나는 노력했다.

"그랬습니다. 안 그렇습니다. 했습니다. 무너졌습니다. 좋았습니다…"

많은 시간을 의지적인 노력으로 연습하고 또 훈련했다. 지금은 아무런 문제가 없다. 오히려 쓴 소리를 해준 선배 목사님에게 감사한다.

좋은 게 좋은 게 아니다. 편한 게 편한 게 아니다. 현실에 안주하기 때문에 더 나은 삶으로 나아가지 못한다. 불편을 감수하고 변화를 시도하면 변화는 반드시 일어난다. 그러나 변화가 두려워서 시도하지 않는다면 그냥 그 수준의 삶을 살 수밖에 없다. 새로운 차원의 인생으로 업그레이드시키려고 한다면 거룩한 불만을 가져야 한다. 거룩한 불만을 가지고 옛 습관을 파괴하려 하는 사람에게 고통은 있기 마련이다. 새로운 습관을 창조하는 데는 많은 노력과 시간이 필요하다. 그러나 충분히 가치 있는 투자이다.

소중한 인생을 좋지 못한 습관 때문에 낭패를 당해야 한다면 너무 안타까운 일이 아닌가? 거룩한 습관은 당신의 인생을 풍요롭고 복된 길로 안내할 것이다. 그러나 악한 습관은 당신의 인생을 진흙탕으로 안내할 것이다. 지금도 늦지 않았다. 당신의 운명을 결정할 습관이라는 주인을 바꾸어 하나님과 사람들에게 은총받는 사람으로 변할 수 있다. 거룩한 불만을 품고 도전장을 던지는 사람에게는 가능성의 문이 열려 있다. 그러나 도전하지 않는 자에게는 굳게 닫힌 문밖에 보이지 않는다. 도전하면 언제든지 열린다. 가능성이 없는 게 아니라 도전하지 않는 것뿐이다.

쉽게 되리라고 착각하지는 말라. 나쁜 습관은 기를 쓰고 포기해야 한다. 상당한 시간이 걸리고 엄청난 노력이 뒤따라야 한다. 반면 좋은 습관 역시 기를 쓰고 자신의 것으로 만들어야 한다. 너그럽게 양보하고서는 절대 인생의 승리자가 될 수 없다. 당신이 가지고 있는 습관이 당신의 인생을 결정한다. 오늘의 습관이 당신의 먼 미래를 결정한다. 그 습관은 당신의 선택에 달려 있다. 어느 쪽이든 가능성의 문은 활짝 열려 있다.

CHAPTER 3

습관의 사슬을 끊으면
인생이 달라진다

30년간 소매치기로 살아온 절도 전과 23범이 있다. 67세인 2016년
에도 자신의 나쁜 손버릇을 끊지 못하고 절도를 벌이다, 결국 가족
을 잃고 대장암 판정을 받고서 투신자살로 인생을 마감하고 말았
다. 그는 충주 시내에서 활동을 시작했다. 그러다가 도심 상설시장
뿐만 아니라 주변 시골 장터, 경북 문경, 점촌 등 인근 지역까지 점
차 영역을 넓혀갔다. 물론 수법도 조금씩 대담해졌다. 주변 경찰들
에게는 아주 익숙한 얼굴이었다. 범행이 계속되면서 경찰에 적발되
는 횟수가 늘어갔다. 자연스럽게 가족과 부딪치는 일도 잦았고, 곧
가정불화로 이어졌다. 결국 부인과 이혼하고 아들과 딸 모두 외지

에서 따로 살았다. 그는 혼자 지내왔다. 엎친 데 덮친 격으로 대장암 판정까지 받았다. 이미 손쓰기가 쉽지 않은 상태였다.

어느 문경 장날, 그는 평소처럼 공범과 함께 절도를 했다. 그러나 범행이 들통 났고, 형사들이 집으로 들이닥쳤다. 그는 형사들에게 부탁했다. "약과 속옷을 챙기고 집안을 정리할 시간을 좀 주세요." 경찰은 그의 요청에 응해주었다. 그런데 베란다 짐을 정리하던 도중 그는 열려 있던 창문으로 그대로 뛰어내렸다. 나쁜 손버릇을 버리지 못하고 절도를 일삼던 그의 생은 비참한 운명으로 끝맺었다.

한 사람은 다양한 습관으로 엮어진 종합체이다. 아침 출근길에 운전하는 사람들을 보면 가지각색이다. 운전 중에 화장이나 면도를 하는 사람도 있고, 간단한 아침식사를 하는 사람도 있다. 정말 다양한 습관을 가지고 있다. 그래서 미국의 교육자 호레이스 만은 이렇게 말한다. "습관은 밧줄과 같은 것이다. 우리는 습관이란 밧줄을 매일 짜고 있다. 이렇게 짜인 습관은 절대로 파손되지 않는다." 그는 습관의 위력을 잘 설명해주었다. 그의 말대로 습관은 파괴적인 힘을 가지고 있다. 작은 습관 때문에 인격이 파손되고, 잘나가던 인생이 한순간에 무너지는 것을 본다. 그래서 호레이스 만은 습관의 불변성을 강조한다.

그러나 습관은 얼마든지 변할 수 있다. 노력 여하에 따라, 학습에 의해 얼마든지 바뀔 수 있는 게 습관이다. 그런데 많은 사람이 습관의 노예가 되어 자신의 운명을 걸고 끌려 다닌다. 이제 우리는 단단한 밧줄이 되어 우리의 운명을 옭아매고 있는 습관이라는 괴물을 사냥하러 떠나고자 한다.

학습된 무기력에 갇히지 말라

독일에 에릭 케스트너라는 작가가 있다. 어느 날, 그는 친구와 함께 장거리 기차여행을 하게 되었다. 얼마나 피곤에 지쳤는지 친구는 의자에 기대자마자 곤히 잠이 들고 말았다. 그런데 한참 자던 친구가 갑자기 벌떡 일어나 외쳤다.

"이런, 깜빡했네! 하마터면 수면제 먹는 것을 잊을 뻔했구먼!"

친구는 황급히 수면제를 입에 털어 넣었다. 그러고는 다시 자기 시작했다. 이렇듯 인간은 습관의 존재이다. 한 사람의 습관이나 생활방식은 그 사람이 반복한 수많은 행동의 결과이다. 어떤 행동을 반복하다 보면 습관이 형성된다. 습관은 의식적으로나 무의식적으로 일상에서 반복되는 것이고, 그것은 곧 성품이 된다. 그런데 이 반복된 행동이 무섭다.

태국에서는 야생 코끼리를 잡아 길들일 때 다리 한쪽에 쇠사슬을 매어 기둥에 묶어 둔다. 처음에는 코끼리가 몸부림치면서 기둥을 뽑아내려고 애쓴다. 그러다가 어느 때쯤에는 부질없는 일임을 알게 된다. 그럴수록 오히려 다리만 아플 뿐이라는 사실을 깨닫게 된다. 조련사는 코끼리가 쇠사슬을 벗어날 수 없다는 사실을 완전히 학습할 때까지 기다린다. 그런 후에 사슬을 풀어놓는다. 그런데 신기하다. 코끼리가 우리 밖으로 나갈 생각은 하지 않고 안에서만 맴돌고 있다. 왜? 아직까지 자신의 다리가 쇠사슬에 묶여 있다고 생각하기 때문이다. 괜스레 고생할 필요가 없다는 것이다. 코끼리는 평소에 익숙한 습관에 자신의 운명을 맡긴 것이다.

사람은 익숙한 것을 좋아한다. 시간이 지나면 거기에 길들여진다. 그래서 익숙하지 않은 게 다가오면 불안해하고 불편해진다. 그래서 익숙한 삶을 고수하려고 애쓴다. 어떤 것에 길들여진 나를 들여다보라. 운전하다 보면 자신도 모르게 깜짝 놀랄 때가 있다. 전혀 의도하지 않은 곳으로 차가 가고 있다. 왜? 습관 때문에. 늘 가던 곳으로 나도 모르는 사이에 핸들이 꺾여 있다. 좋은 쪽으로 길들여 있다면 좋겠지만 그렇지 않을 때는 문제가 생긴다.

나는 운전할 때면 여유를 갖는 편이다. 될 수 있으면 과속을 하지 않는다. 다른 차가 끼어들면 양보하는 편이다. 앞에 사람이 흐느적거리며 걸어가서 운전을 하는 데 방해가 되어도 웬만해서 경적을 울리지 않는다. 기다렸다가 천천히 간다. 그런데 그렇지 않은 운전자도 많다. 고속도로를 달리다 보면 아찔한 순간이 잦다. 마치 곡예사처럼 운전하는 사람이 있다. 1차선에서 4차선까지 곡예를 하면서 달린다. 마치 죽기로 작정한 사람처럼. 아니, 죽이려고 작정한 사람처럼. 이런 사람을 보면 어떤 사람은 끼어들지 못하게 하려고 안간힘을 쓴다. 기를 쓰고 끼어드는 것을 막으려 하다가 접촉사고도 일어난다.

얌체 운전을 하는 사람을 보면 도저히 용인 못하는 사람도 있다. 그래서 창문을 열고 거친 욕설을 퍼붓는다. 그러다가 결국 몸싸움까지 가는 경우도 비일비재하다. 잘못 길들여진 운전습관 때문이다. 이런 사람 때문에 다른 사람들까지 피해를 본다. 자신을 위해서도, 다른 사람을 위해서도 잘못 길들여진 쇠사슬을 잘라버려야 한다. 무기력하게 길들여진 습관의 희생제물로 나를 바칠 수는 없다.

되는 대로 살기에는 너무 아까운 인생이다. "그게 내 모습인데, 뭐!"라고 말한다면 너무 무책임하다. 마음먹기에 따라 얼마든지 달라질 수 있는 게 인생이다. 무기력증은 나의 선택일 뿐 내 운명이 될 수는 없다.

인간의 두뇌를 연구하는 학자들의 의견을 들어보라. 인간의 뇌는 좌뇌와 우뇌, 그리고 간뇌로 되어 있다. 간뇌 부분에 좌뇌와 우뇌보다 8만 배나 빠르게 정보를 흡수할 수 있는 초능력이 잠재해 있다고 한다. 그런데 사람은 자신이 알지 못하는 대단한 능력이 내 안에 있다는 사실을 모른 채 살아간다. 창조자가 우리에게 부여한 엄청난 능력과 잠재력이 있다. 그러니 나약해질 필요가 없다. 시시한 인생으로 스스로 낙인찍을 필요도 없다.

반복에 의해 형성된 자아에 갇혀서는 안 된다. 그것은 진정한 자아가 아니다. 거짓에 의해 만들어진 자아이다. 하나님이 주신 자아를 발견해야 한다. 창조자는 어떤 피조물과 달리 인간에게는 특별한 은혜를 주셨다. 인간은 하나님의 형상을 지닌 존재이다. 인간은 하나님을 닮은 존재이다. 인간에게는 하나님과 관계를 맺을 수 있는 능력이 있다. 하나님이 주신 환경과 세계를 창조할 수 있는 능력이 있다. 왕적 통치권을 활용하게 하셨다. 그런데 환경에 의해 만들어진 거짓 자아에게 굴복할 수는 없다. 잘못된 학습에 의해 형성된 그릇된 자신에게 희생당할 수는 없다.

나는 초등학교를 아홉 살에 입학했다. 어떤 아이들은 일곱 살에도 입학하는데, 도대체 왜? 말을 잘 못해서다. 어머니가 만삭일 때 감나무에 올라갔다가 떨어지셨다. 며칠간 배 속에 있는 아이가 놀지 않았다고 한다. 어머니는 사산이 된 줄 아셨다. 그러나 얼마 후 꼼지락거리기 시작했다. 그렇게 태어난 나는 볼품없었다고 한다. 죽을지도 모른다는 생각에 호적에도 2년 정도 후에 올렸다고 한다.

초등학교 입학할 즈음이 되었다. 그런데 말하는 게 영 서툴렀다. 결국 한 해를 늦춰서 입학했다. 그렇게 세월은 흘렀다. 그런 내가 목사가 되었고, 전국적인 세미나에 강사로, 총신대학교에서 강의도 하게 되었다. 모든 게 하나님의 은혜이다.

하고 싶은 말은 이것이다. 자신을 너무 무기력하게 취급하지 말라는 것이다. 나 같은 사람도 그런대로 쓰임받지 않는가? 따지고 보면 그대는 나보다 훨씬 더 나은 사람이 아닌가? 문제는 진정한 자아, 하나님의 계획 안에 있는 나를 찾으라는 말이다. 학습된 무기력에 주저앉아 있지 말고 진정한 자기 발견을 위해 힘차게 나서라는 것이다.

때론 인생의 충격파가 필요하다

탕자는 한때 재미있는 시절을 보냈다. 남부러울 것이 없었다. 있는 돈으로 하고 싶은 것을 다 할 수 있었다. 돈줄을 푸니 친구들이 몰려들었다. 밤새우며 즐긴다고 누가 간섭하지도 않았다. 그러는 동안 호주머니는 비어 갔다. 빈털터리가 되었을 때 인생은 달라졌다. 주변에 서성거리던 사람들이 멀어져 갔다. 가까이 지내던 사람들에게 다가갔는데 모두가 외면했다. 아무도 돕는 이가 없었다.

결국 빈털터리가 되어 남의 집 일꾼으로 들어갔다. 배가 고팠다.

그러나 먹을 것도 제대로 먹을 수 없는 지경이었다. 짐승에게 주는 열매로 배를 채워야 했다. 사실 유대 정결법에 의하면 너무 수치스러운 일이었다. 그러나 배고픈데 어쩌랴? 자기 정체성까지 접어야 했다. 그제야 정신이 번쩍 들었다. 그리고 옛날 아버지 집에 있을 때를 회상하게 되었다. 감히 아들의 자리를 욕심 낼 수는 없겠지만 종의 신분으로라도 아버지 집으로 돌아가고 싶었다.

인생의 낭패 앞에서 깨달음의 은총이 다가왔다. 볼품없이 초라한 인생으로 전락했다. 그러나 깨닫는 순간, 새로운 인생의 장이 보였다. 자기 발견을 하는 순간, 돌아갈 곳이 보였다. 때로는 인생의 충격파가 필요하다. 충격파가 가해질 때 정신이 번쩍 든다. 그리고 자기반성이 일어난다. 자기반성이 일어나는 순간, 달려가야 할 길이 눈앞에 보이기 시작한다.

담배에 찌든 인생이 있다. "나는 죽었으면 죽었지, 담배는 못 끊어!" 그런데 그에게 정말로 죽을 일이 다가왔다. 몸에 이상 증세가 느껴져서 병원에 갔는데 폐암이란다. 죽음과도 못 바꿀 것 같았던 담배였다. 그런데 그는 폐암이라는 선고 앞에서 담배를 끊기로 결단했다. 담배를 끊기 위해 먹지 않던 간식을 먹기 시작했다. 식습관의 변화도 가져왔다. 등산을 하고 운동을 하기 시작했다. 벼랑 끝에서 살기 위해 선택한 것이다. 암이라는 진단이 그의 생활에 큰 변화를 일으켰다. 인생에는 때때로 충격이 필요하다. 충격이 아니면 돌아서지 않을 사람이 충격적인 사건을 통해 돌변하기도 한다.

충격파를 생각하면 어릴 적 일이 생각난다. 하나는 아버지 사건이다. 내가 초등학교 5학년 때 이미 우리 곁을 떠나신 분이다. 그러니까 초등학교 저학년 시절이었을 것이다. 어느 날, 아버지와 어머니가 심하게 싸우셨다. 어머니는 아버지에게 폭행을 당하셨다. 요즘이야 드문 일이지만 그때만 해도 많은 아내가 폭행을 당하곤 했던 것 같다. 자주 봐왔던 일이지만 그날은 다른 게 있었다.

어머니가 집을 나가겠다고 보따리를 싸셨다. 나보다 두 살 위인 누나, 그리고 세 살 아래인 여동생, 그리고 나. 우리 세 남매는 울면서 어머니의 치맛자락을 잡았다. 그러나 어머니는 우리를 뿌리치고 눈물을 흘리면서 집을 나가셨다. 냇가를 지나 산으로 올라가는 어머니의 뒷모습만 바라봐야 했다. 아무런 대책도 없이 무기력하게 보내드려야만 했다. 그런데 어머니는 멀리 갈 수가 없었다. 산등성이에 올라가서 내려다보면 우리 집 마당이 다 내다보였다. 어머니는 차마 발걸음을 더 옮기지 못하고 삼남매를 내려다보고만 계셨다. 결국 저녁이 되어서 옆에 사는 친척 집으로 가서 주무셨다. 그리고 다음 날 아침에 집으로 돌아오셨다.

그때 아버지가 엉엉 울던 장면이 잊히지 않는다. 어머니의 가출에 충격을 받으신 것이다. 그 후에 부부싸움이 있었는지는 기억이 잘 나지 않는다. 그렇게 관찰하려고 했던 것도 아니니까 잘 모른다.

그러나 충격파가 무색한 것만은 아니었으리라.

나와 결부된 직접적인 사건도 있었다. 어느 날, 학교를 마치고 친구 몇몇이 모였다. 그날따라 분위기가 이상하게 흘러가고 있었다. 사실 당시 가난했던 시절에 흔히 일어났던 일이지만 나에게는 처음 있는 일이었다. 몇 명의 아이가 전략회의를 하고 학교 앞 가게로 갔다. 몇 명은 주인 앞에 가서 흥정을 했다. 이것저것 가격을 물으면서 주인의 정신을 쏙 빼놓았다. 그러는 동안 다른 친구들은 물건을 가방 속에 집어넣었다. 완벽한 성공이었다.

이제 하나둘 가게를 빠져나오기 시작했다. 아뿔싸! 그때 우리를 지켜보던 여학생이 있었다. 우리가 나오고 난 후에 여학생이 주인에게 고자질을 했다. 주인은 끝까지 쫓아왔고, 우리는 붙잡혔다. 용서해 달라고 눈물을 흘리면서 애원했다. 부모님에게만은 알리지 말아달라고, 선생님에게는 말씀드리지 말라고. 그러나 소용없는 일이었다.

가게 주인은 우리를 앞세워서 집으로 들이닥쳤다. 우리 옆집에 살고 있는 후배 집으로 갔다. 어른들이 야단이 났다. 우리는 부모님들에게 혼쭐이 났다. 그리고 변상을 했다. 그 당시 아버지는 세상을 떠나시고 안 계셨다. 어머니는 화가 많이 나셨다. 어머니 옆에는 자전거에 바람을 넣는 펌프가 있었다. 어머니는 그것을 들더니 나에게 달려오셨다.

결국 나는 어깨를 펌프로 맞았다. 다행히 크게 다치지는 않았지만 얼마나 아팠던지. 그때 어머니가 펌프를 들고 달려오시던 모습, "애비 없는 호로 자식이라는 소리 듣게 한다"며 화내시던 모습, 그 모습을 잊을 수가 없다. 결국 나에게는 그 사건이 처음이자 마지막 사건이 되었다. 충격적인 사건이 나에게는 약이 되었다. 그때 "앞으로 절대 이런 일을 하지 않으리라"고 다짐했다. 그 덕분에 악한 습관이 길들여지지 않았다.

끌어당기는 관성에 저항하라

어떤 물체에 힘이 가해지면 그 물체는 운동 상태를 지속하고자 하는 힘이 있다. 바로 관성의 법칙이다. 좋지 않은 습관도 마찬가지다. 관성의 법칙이 작용한다. 내리막길에 파열된 브레이크처럼 좀처럼 제지하기가 어렵다.

도박을 하는 사람이 어느 순간 자신의 잘못을 깨닫고 후회를 하면서 손목을 잘랐다고 한다. 그런데 며칠이 지나지 않아 또다시 도박장에 가 있다. 왜? 도박을 하기 위해. 어떻게? 발가락으로 한단다. 그만큼 우리가 가진 나쁜 습관도 중독 증상이 있다는 것이다.

누군가 당신에게 나쁜 감정을 갖고 있다고 하자. 나쁜 감정을 갖게 된 이유는 있으리라. 나쁜 감정을 가진 사람은 만나는 사람들에게 당신에 대한 욕을 할 것이다. 때로는 사실과는 다르게 부풀리고, 심지어 없는 이야기도 지어서 할 수만 있다면 당신을 험담하려고 할 것이다. 이 정도 되면 의도적이다. 그 사람은 멈추기가 쉽지 않다. 만나는 사람마다 당신을 욕하고 다닐 것이다. 그럴 때 당신은 어떻게 할 것인가? 그 정도 되면 이야기가 당신 귀에 다 들어올 것이다. 그리고 당신은 분노할 것이다. 억울하다는 생각이 든다. 왜? 왜곡된 이야기이고 모함이기 때문에.

그러다 보면 그 사람에게 찾아가서 담판을 짓고 싶을 것이다. 그러나 무슨 의미가 있겠는가? 이미 그 사람은 선을 넘어설 정도이니 보이는 게 없다. 당신을 무너뜨리는 게 유일한 목표인 것을. 그렇다면 포기할 것인가? 그러기란 쉽지 않다는 걸 발견할 것이다. 이미 당신은 해명할 준비가 되어 있다. 아니, 역공할 준비가 다 되어 있다. 역공을 위한 자료까지 준비해 두었을 것이다. 그래서 오해하고 있는 사람들을 만난다. 그리고 몇 시간이고 사실이 아니라고 설명을 할 것이다.

그런데 알고 있는가? 그러는 사이 당신도 이미 그 사람과 비슷하게 물들어가고 있다는 사실을. 당신의 입은 더러워졌고, 당신의 마음은 분노와 증오로 물들었다. 당신의 영혼은 어둠의 생각들로 짙어져가고 있다. 머지않아 당신도 그 사람처럼 오염될 것이다. 나도 모르는 사이에 무의식의 세계 속에서.

우리 인생에 끌림을 경계해야 한다. 우리 안에 도사리고 있는 악을 향한 끌림, 죄를 향해 치솟는 욕구, 어둠을 향한 끌림을 강하게 거부하지 않으면 순수한 영혼의 여행을 즐길 수 없다. 어둠의 세계, 죄의 세계는 나름대로 스릴과 즐거움이 있다. 그래서 한 걸음씩 담그다 보면 어느 순간에는 푹 빠져 있는 자신을 발견하게 될 것이다. 그렇기 때문에 내 안에서 일어나는 죄에 대한 욕구와 끌림이 느껴질 때 강력하게 저항해야 한다.

인도의 한 엄마가 사탕을 너무 많이 먹어서 이가 썩은 아이를 데리고 간디를 찾아왔다. '모든 국민에게 존경받는 간디가 아이에게 사탕을 먹지 말라고 말하면 아이가 들을 것이다' 라고 생각했기 때문이다. 여인의 이야기를 들은 간디가 부탁했다.

"한 달 있다가 다시 와주세요!"

엄마는 아이에게 그 자리에서 무엇인가를 이야기해주길 기대했었다. 그러나 존경하는 간디가 부탁하니 돌아갈 수밖에 없었다.

한 달 후에 다시 찾아왔다. 그런데 간디는 또다시 한 달 뒤에 오기를 부탁했다. 처방을 해주지 않고 다시 오라고만 하는 간디에게 화가 났지만, 그래도 감정을 자제하고 돌아갔다. 세 번째 방문했을 때 드디어 간디는 아이에게 말했다.

"애야, 사탕을 많이 먹으면 이가 많이 상한단다. 건강에도 안 좋고, 고치려면 돈도 많이 들어요. 그러니 사탕을 그만 먹으렴."

엄마는 화가 나서 물었다.

"아니, 그 이야기를 하는데 왜 세 번씩이나 찾아오게 한 겁니까?"

그러자 간디가 웃으며 말했다.

"사실 저도 사탕을 많이 먹었습니다. 이에 안 좋다는 것을 알면서도 끊지를 못했었어요. 제가 그런데 어떻게 아이에게 사탕을 먹지 말라고 하겠어요. 그래서 두 달 동안 사탕을 끊기 위해 노력한 겁니다. 이제 사탕 먹는 습관을 고쳤다고 확신이 들기에 아이에게 사탕을 먹지 말라고 말할 수 있었습니다."

사실 인도의 성자라고 불리는 간디도 달콤함에 끌려 사탕을 많이 먹었다. 그러나 아이에게 사탕을 조심하라는 조언을 해주기 위해 그 끌림에 저항했고, 결국 사탕 먹는 습관을 정복했다.

휴대전화로 자주 날아오는 문자가 있다. 시도 때도 없이 전송된다. 어떤 때는 새벽에 잠을 깨운다. 한동안 안 오다가 또다시 찾아온다. "오빠, 사진 보냈어요!" 무슨 사진? 누가 보내라고 했나? 언제 봤다고 오빠야? 무슨 사진인지 궁금한가? 아직 열어 본 적이 없으니 무슨 내용인지는 모르겠다. 내면에서 끌림이 일어나지 않는다. 그러나 짐작은 되지 않는가? 이 끌림을 과감하게 뿌리치지 못하면 사고가 터지고 만다. 저항하는 힘이 부족할 때 한두 번 허용하게 되고, 한두 번 허용하다 보면 언젠가 내 옆에 와서 둥지를 틀고 다정스레 웃고 있다. 그게 바로 악한 습관이다.

어느 이민교회에 담임목사가 새로 부임했다. 상처가 많은 이민 교회이다 보니 국내 목회보다 더 어렵다고 한다. 목회의 어려움 가운데 하나는 바로 말이다. 이런저런 말을 만들어 교회를 시험에 들게 하고, 목회에 지장을 주는 교인이 있다. 그 교회도 예외는 아니었다. 목사님이 고민하다가 '언어 실명제'를 선언했다. 자기가 직접 듣지 않은 이야기는 하지 말고, 자신이 한 말에 대해서는 책임을 지라는 것이다. 그래서 교회 안에 난무하는 무질서한 말장난을 잠재울 수 있었다.

돈은 매력 있다. 안 될 일도 돈이면 되는 경우가 많다. 돈으로 사람도 살 수 있다. 돈으로 채우고 싶은 욕망을 마음대로 채우는 사람도 적지 않다. 그래서 돈이면 다 된다는 식으로 살아가는 사람도 있다. 그런데 성경은 돈을 일만 악의 뿌리라고 말한다. 돈 자체가 그렇다는 게 아니다. 돈은 분명히 가치중립적이다. 선도 아니고 악도 아니다. 그런데 돈에 이끌리는 인간의 탐심을 통제하지 못하면 그렇게 된다는 것이다. 맘몬 신을 섬기는 사람들은 세상을 돈으로 범벅하려고 한다. 사탄은 돈으로 사람과 세상을 움직이려고 한다. 돈으로 사람의 마음과 정신을 병들게 하여 건강한 사고를 마비시키고, 영혼을 병들게 하여 에고이즘에 사로잡히게 한다.

그렇기 때문에 믿음의 사람들은 돈의 위력에 저항해야 한다. 매력적인 돈에 대한 끌림을 거부해야 한다. 그렇지 않으면 타락의 길을 걷게 된다. 끌림에 한두 번 따라가다 보면 악한 습관이 길들여지게 된다.

깨뜨림으로 창조적 습관을 경영하라

박근혜 정부가 들어서면서 창조경영이라는 말이 유행했다. '창조경영=지식+창조적인 생각' 남과 다르게 생각하자는 것이다. 나만의 색을 갖자는 것이다. 그러나 창조경영은 이 땅에 뿌리내리지 못했다. 인습에 얽매인 구태의연한 사고방식에서 벗어나야 한다. 전통과 옛 삶을 포기할 용기가 있어야 한다. 지금까지 해왔던 것이라도 새로운 것을 향해 문을 활짝 열어야 한다.

예수님도 새 포도주는 새 부대에 담아야 한다고 말씀하지 않으셨던가! 새로운 습관을 형성하기 위해서는 옛것에 얽매인 끈을 끊어버려야 한다. 그렇지 않으면 창조적인 미래로 나아갈 수 없다. 율법이라는 끈을 잡고서는 복음이라는 끈을 잡을 수가 없다. 세상과 사람을 율법이라는 프리즘으로 볼 게 아니라 복음의 프리즘으로 봐야 한다. 더 나은 세계를 위해 지금까지 머물러 있던 세계를 떠나야 한다.

모압 드림을 갖고 있던 룻은 실패했다. 계속해서 모압 드림에 머물러서는 안 되었다. 모압 드림을 포기하고 가나안 드림으로 나아가야 했다. 아브라함에게는 갈대아 우르가 익숙한 곳일 수 있다. 하란 땅이 좋을 수도 있다. 그러나 그는 하나님이 여실 새로운 세계를 경험하기 위해 그곳을 떠나야 했다. 물론 모험이기는 하지만.

창조는 기존 것의 파괴이기도 하다. 그래서 창조적인 파괴라고 할 수 있다. 단순한 파괴가 아니다. 단순한 깨뜨림이 아니다. 파괴 속에는, 깨뜨림 속에는 새로운 창조에 대한 기대가 담겨 있다. 파괴를 두려워할 필요는 없다. 깨뜨림을 너무 아파할 필요도 없다. 창조를 위한 파괴에는 아픔과 고통이 따른다. 아픔과 고통이 두려워서 창조를 무서워해서는 안 된다. 창조를 위한 아픔과 고통을 감수해야 한다.

어느 날, 결혼할 한 쌍의 젊은이와 인터뷰를 했다. 결혼생활에서 일어날 수 있는 일을 하나하나 점검해주었다. 대화를 나누는 중에 나타나는 현상을 고쳐주기도 했다. 자매가 갖고 있는 아픔을 이야기했다. 형제가 이런 생각을 갖고 있다는 것이다.

"자매가 우리 부모님한테 좀 편하게 대했으면 좋겠어요. 그런데 부담을 느끼고 불편해하는 것 같아요. 밥을 먹으러 오는 것도 불편해해요."

그 말을 들은 나는 형제에게 말해주었다.

"그게 아주 자연스러운 일 아닌가요? 세월이 흐르고 정이 들다 보면 자연스러울 때도 있을 수 있지만 사실 그건 불가능한 일이지요. 아들 같은 사위는 있을 수 없고, 딸 같은 며느리도 있을 수 없답니다. 환상일 뿐이지요. 며느리는 며느리고, 시어머니는 시어머니입니다. 그걸 인정하고 좋은 관계를 맺으려고 노력하는 게 맞는 거지요. 지나친 기대는 버리세요."

아들 입장에서는 당연한 마음이리라. 그러나 며느리 입장에서는 그럴 수가 없다. 노력할 뿐이다. 어느 정도 친밀한 고부관계를 이룰지는 모르지만 고부관계는 고부관계일 뿐이다.

습관 경영을 위해 인풋(in-put) 경영과 아웃풋(out-put) 경영을 잘해야 한다. 좋은 것을 투입하지 않고는 좋은 것이 나올 수 없다. 살다 보면 때때로 별로 좋은 것이 들어가지 않았는데 좋은 것이 산출되는 경험을 할 때도 있기는 하다. 그러나 이례적인 것을 일반화시키려 해서는 안 된다. 콩 심은 데 콩 나는 게 자연법칙이다. 좋은 습관을 만들려면 좋은 것을 인풋해야 한다.

그러기에 인풋 재료를 점검해봐야 한다. 어떤 것을 주입하느냐에 따라 결과는 달라진다. 좋은 성품을 형성하려면 좋은 생각과 마음을 인풋해야 한다. 앉는 자세가 좋지 않은 사람은 척추에 이상이 오게 되어 있다. 척추에 이상이 생기면 다리도 불편해진다. 그래서 바른 자세를 갖는 게 중요하다. 앉을 때도 바른 자세로 앉아야 하고, 걸을 때도 바른 자세로 걸어야 한다. 평소에 어떤 자세를 갖느냐에 따라 건강 상태는 달라질 수 있다. 좋은 관계를 산출하려면 좋은 재료를 인풋해야 한다. 예수님은 좋은 관계를 위해 황금률을 주셨다. 대접을 받고자 하는 대로 먼저 대접해야 한다. 그래야 좋은 관계가 나올 수 있다.

라오디게아교회는 뜨겁지도 차갑지도 않은 영적 매너리즘에 빠졌다. 미지근해서 주님이 토하여 내치고 싶다고 말씀하셨다. 교회를 얼마나 사랑하시는 주님인데 내치고 싶다는 말씀을 하시다니! 주님에게 어울리지 않는 말이다. 이것을 치유하기 위해서는 주님과의 교제를 회복해야 한다. 그렇다면 주님과의 교제는 어떻게 회복할 수 있는가? 마음의 문을 열어야 한다. 그러면 주님은 언제든지 우리를 왕의 식탁에서 먹게 하실 것이다. 마음을 열기 위해서는 "나는 부요하여 부족한 것이 없다"는 착각에서 벗어나야 한다. 영적 자만심을 떨쳐버려야 한다. 그렇지 않으면 그는 영적 가난뱅이에서 벗어날 수 없다. 가난한 마음, 상한 마음을 아웃풋해야 영적 부요가 인풋 된다.

우리가 가진 습관은 학습을 통해 얼마든지 바꿀 수 있다. 나쁜 습관을 가지고 있다면, 혹은 잠재능력을 발휘하도록 이끌어줄 습관을 아직 가지고 있지 못하다면 체계적인 반복과 연습을 통해 새 습관을 익혀야 한다. 습관은 반복을 통해 이루어진다. 습관은 의식적으로나 무의식적으로 일상에서 반복되는 것이다.

웹스터 사전에는 습관을 '자주 행동을 반복한 결과로, 활동을 하는 데 계속적으로, 때로는 무의식적으로 행동하게 되는 성향'이라고 정의한다. 그러기에 성공적인 인생을 살길 원하는 사람은 습관을 점검해봐야 하고, 습관을 점검하기 위해서는 일상에서 반복하는 것을 점검해봐야 한다. 그 반복이 습관을 형성하기 때문이다. 눈을 깜빡이는 행동, 다리를 떠는 행동, 고개를 흔드는 행동, 반복적으로 말하는 단어, 비스듬하게 앉는 태도 등은 좋은 습관이 아니다. 새롭게 학습하고 훈련할 필요가 있다. 학습과 훈련은 반복에서 나온다.

그래서 철학자 아리스토텔레스는 "우리가 반복적으로 하는 일이 결국 우리 자신이 된다. 따라서 탁월함은 행동이 아니라 습관이다"라고 말했다. 반복하되 창조적인 것을 반복해야 한다. 아무리 좋은 것이라도 한두 번의 노력으로는 습관화되지 않는다. 반복적인 노력이 필요하다.

사탄은
당신의 습관을
공략한다

CHAPTER 4
죄를 짓게 하는
사탄의 정체를 간파하라

어느 교회로 전화가 왔다.

"무슨 상담을 하려고 하십니까?"

"저와 제 아내는 재정문제로 어려움을 겪고 있습니다. 그래서 도움이 필요합니다."

"글쎄요, 그렇다면 지금 출석하시는 교회에 가서 이야기해 보시지요. 성도님의 교회 담임목사님과 이야기하는 것이 가장 좋지 않을까요?"

"그런데 절대 그럴 수 없습니다."

그 성도는 목사님에게 안타까운 마음을 하소연했다. 그 교회 목사님은 이미 그에게 이런 문제를 어떻게 해결해야 할지 알려주셨다. 그리고 그는 이런 일을 이미 시도했던 것이다.

"목사님, 잘 들어보세요."

그의 목소리는 주문을 외우는 사람처럼 변하고 있었다.

"나와 내 아내는 믿음으로 이렇게 기도했습니다. '우리에게 빚이 없다. 우리에게는 빚이 없다! 청구서라는 것은 없다. 빚쟁이들은 우리 뒤를 쫓아오지 않는다. 우리는 주님의 이름으로 이것을 명한다!'"

그 이야기를 들은 목사님은 웃어야 할지 울어야 할지 몰랐다. 그 사람의 이야기는 웃기는 일이었다. 하지만 동시에 매우 슬픈 일이었다.

"그렇군요. 그런데 왜 우리에게 전화하셨습니까?"

목사님은 조용히 물었다. 그러자 그 사람이 다시 물었다.

"예, 그러니까, 우리에게는 빚이 없습니다. 또 청구서도 없습니다. 우리는 주 안에서 승리를 하고 있습니다. 그런데 한 가지 질문이 있습니다. 파산 신청을 하는 것은 죄가 됩니까?"

그리스도인은 이 세상에서 살고 있다. 죄성을 가진 육체를 갖고 살고 있다. 죄의 영향권은 이 세상 어디에나 잠복해 있다.

악에는 악의 증상이 있고 악의 실체가 있다. 악의 증상은 우리가 물건을 훔치고, 거짓말하고, 남을 해코지하는 등의 실제 악행을 말한다. 그러나 악의 실체는 그 모든 악행을 뒤에서 조종하는 어떤 거대한 악의 사령부를 가리킨다.

이 세상은 사탄의 통치 아래 있다. 사탄은 사람을 자기 통치권 아래 묶어서 하나님을 대적하려고 한다. 그건 믿는 사람들조차도 마찬가지다. 긍정적인 생각을 갖는 것만으로 해결되는 전쟁이 아니다. 아무 일이 없다는 듯 구호를 외친다고 없어지는 전쟁도 아니다. 그 전쟁의 실체를 인식하고 영적인 전쟁에 바로 대처하는 일이 무엇보다 필요하다. 특히 사탄이 우리의 습관을 어떻게 이용하고 있는지를 간파하고, 그 계략에 놀아나지 않도록 주의해야 한다.

먼저 사탄의 실체를 바로 알라

사도 바울은 고린도교회 성도들에게 이렇게 말했다. "이 세상의 신이 믿지 아니하는 자들의 마음을 혼미하게 하여 그리스도의 영광의 복음의 광채가 비치지 못하게 함이니 그리스도는 하나님의 형상이니라"(고후 4:4). 이 세상을 지배하는 신이 있다. 바로 사탄의 세력이다. 사탄은 사람의 마음을 미혹해서 그 안에 복음의 빛이 비추지 못하도록 막는다. 그렇다면 사탄은 무엇이며, 귀신은 무엇인가? 귀신은 진짜 존재하는 것인가?

귀신이라고 할 때 기독교인들 사이에 두 가지 큰 오류가 있다. 하나는 이 세상에서 벌어지는 모든 것이 귀신 때문이라고 생각하는 것이다. 이들은 사업에 실패를 하거나 장사가 잘 안 되면 무조건 귀신 때문이라고 한다. 심지어 감기가 걸려도, 발을 삐어도 귀신 때문이라고 한다. 그래서 귀신을 쫓아내는 데 혈안이 되어 있다.

또 다른 오류는 마치 귀신이 존재하지 않는 것처럼 생각하는 사람들이다. "21세기 최첨단 과학시대에 귀신은 무슨 귀신이냐?" 하는 투다. 교회는 다니지만 귀신의 실체를 인정하지 않는 자들이 있다. 그런데 귀신은 분명히 존재한다. 영적 실체이다. 그렇다면 귀신은 무엇인가? 어떤 이단이 주장하는 것처럼 귀신은 수명을 다 누리지 못하고 억울하게 죽은 영혼이 이 세상을 떠도는 것으로 오해해서는 안 된다.

성경은 타락한 천사가 바로 귀신이라고 말한다. 천사도 하나님의 피조물이다. 그러나 천사 중 일부는 타락했다. 천사들 가운데 '계명성'은 가장 아름다운 천사였다. 그런데 교만하게도 하나님과 자신을 견주려고 했다. "너 아침의 아들 계명성이여 어찌 그리 하늘에서 떨어졌으며 너 열국을 엎은 자여 어찌 그리 땅에 찍혔는고. 네가 네 마음에 이르기를 내가 하늘에 올라 하나님의 뭇 별 위에 내 자리를 높이리라. 내가 북극 집회의 산 위에 앉으리라. 가장 높은 구름에 올라가 지극히 높은 이와 같아지리라 하는도다. 그러나 이제 네가 스올 곧 구덩이 맨 밑에 떨어짐을 당하리로다. 너를 보는 이가 주목하여 너를 자세히 살펴보며 말하기를 이 사람이 땅을 진동시키며 열국을 놀라게 하며 세계를 황무하게 하며 성읍을 파괴하며 그에게 사로잡힌 자들을 집으로 놓아 보내지 아니하던 자가 아니냐 하리로다"(사 14:12-17).

이러한 교만은 하나님의 영광을 탈취하려는 자리로 치닫게 된다. 하나님은 교만한 계명성을 저주하여 땅으로 쫓아내셨다. 그래서 그는 사망과 어둠의 주관자가 되었다. "우리의 씨름은 혈과 육을 상대하는 것이 아니요 통치자들과 권세들과 이 어둠의 세상 주관자들과 하늘에 있는 악의 영들을 상대함이라"(엡 6:12). "자녀들은 혈과 육에 속하였으매 그도 또한 같은 모양으로 혈과 육을 함께 지니심은 죽음을 통하여 죽음의 세력을 잡은 자 곧 마귀를 멸하시며"(히 2:14).

저주받은 타락한 천사는 옛 뱀, 곧 마귀라고도 하고 사탄이라고도 한다. 그는 온 천하를 꾀는 자로 지칭된다. "큰 용이 내쫓기니 옛 뱀 곧 마귀라고도 하고 사탄이라고도 하며 온 천하를 꾀는 자라. 그가 땅으로 내쫓기니 그의 사자들도 그와 함께 내쫓기니라"(계 12:9).

그렇다면 귀신은 무엇인가? 타락한 천사들이다. 이들은 성경에서 복수로 사용된다. 사탄의 졸개들이라고 할 수 있다. 사탄은 뱀을 통해 사람의 목소리를 내면서 에덴동산에 남몰래 들어와 하와와 아담을 미혹했다. 사탄은 교묘하게 하나님의 말씀을 이용했다. 그리고 인간의 욕구를 충동질했다. 그 즉시 하와의 마음을 움직였고, 아담도 죄에 동참하도록 유인했다. 이 사탄의 주요 공격대상은 그리스도인이다. 왜냐하면 불신자들은 가만히 두어도 자기편이기 때문이다. 그러기에 그리스도인들을 집중해서 공략한다. "근신하라. 깨어라. 너희 대적 마귀가 우는 사자같이 두루 다니며 삼킬 자를 찾나니 너희는 믿음을 굳건하게 하여 그를 대적하라"(벧전 5:8-9).

사탄은 배가 고파 우는 사자처럼 그리스도인들을 집어 삼키기 위해 혈안이 되어 있다. 그런데 그리스도인들은 졸고 있어서야 되겠는가? 깨어 있지 않으면 사탄의 먹이가 되고 만다. 겟세마네 동산에서 베드로가 그랬듯이 전쟁은 이미 선포되었다. 이미 치열한 전쟁이 이루어지고 있다. 사탄은 세상의 조직과 사람들을 동원해서 자기의 뜻을 펼치려고 한다. 이 세상에 분열을 조장하고 싸움을 불러일으키려고 한다.

사탄은 최초의 사람 아담과 하와도 넘어뜨릴 수 있을 정도로 사악하고 교묘하다. 그러니 결코 만만하게 봐서는 안 된다. 방심이 큰 화를 초래한다. 불행하게도 인간에게는 죄를 지을 가능성이 존재한다. 죄를 짓지 않기 위해서는 하나님의 음성에 귀를 기울여야 한다. 자기 안에 일어나는 탐심의 우상을 다스려야 한다. 하나님과 같이 되고자 하는 자기 숭배를 다스려야 한다. 그런데 아담은 그렇게 하지 못했다. 하나님의 소리에 귀를 기울이기보다 사탄의 달콤한 유혹의 소리에 귀를 열었다. 사탄에게 마음을 빼앗긴 하와의 소리를 들었다. 자기 내면의 부르짖음을 외면하는 용기를 발휘하지 못했다.

첫 사람 아담을 넘어뜨리는 데 성공한 사탄은 이제 둘째 아담으로 오신 예수님에게조차 도전장을 던졌다. 그것도 하나님의 말씀을 인용하기까지 하면서, 인간의 가장 기본적인 욕구를 자극하면서, 인간의 명예심을 부추기면서, 만용을 부릴 수 있는 인간의 심성을 이용해가면서.

그러나 예수님은 첫 사람 아담과 같지 않았다. 하나님의 말씀으로 정면 대응하셨다. 자신의 현실적인 필요에 집중하지 않으셨다. 자기 내면의 소리에 귀를 기울이지 않으셨다. 하나님 아들로서의 만용도 부리지 않으셨다. 사탄이 제시하는 메시아의 길을 선택하는 것이 아니라 자신이 걸어가기로 계획된 고난의 종으로서 메시아의 길을 묵묵히 선택하셨다. 십자가를 향해 가는 좁은 길을.

사탄은 예수님에게 참패를 당했다. 그렇다고 사탄의 활동이 멈췄다고 생각하는 건 오산이다. 패배한 사탄은 더 오기가 났을 것이다. 당시의 종교 지도자들을 갖고 노는 것을 보라. 예수님을 십자가에 못 박히도록 하지 않았던가? 더구나 제자공동체의 수장인 베드로까지 공략하지 않았던가? 베드로는 하나님의 일을 생각하기보다 사람의 일을 생각했다. 그래서 고난의 종으로서 죽으려고 준비하시는 예수님의 사역을 막으려 했다. 물론 스승을 생각하는 제자의 마음이기는 하지만.

사탄은 그런 베드로의 마음을 이용한 것이다. 예수님이 베드로에게 주의를 주었건만 예수님을 세 번씩이나 부인했다. 그것도 여종 앞에서. 어디 그뿐인가? 예수님을 버리고 도망가지 않았던가? 또한 사탄은 제자 공동체의 재정을 맡아서 관리할 정도로 예수님의 신임을 받았던 가룟 유다까지 넘어뜨렸다. 종의 몸값인 은 30에 눈이 어두워서, 로마 권력과 결탁해서, 유대 종교지도자들과 손을 잡고서. 어떻게 이런 일이 있을 수 있단 말인가? 그들의 정체를 너무나 잘 알고 있지 않았던가? 그래도 그들과 손을 잡았다. 어떻게 이런 일? 사탄이 가룟 유다 속에 들어갔으니 가능했다.

우리는 이런 사탄의 활동 무대 위에 서 있다. 아무리 발버둥을 쳐도 이 무대를 벗어날 수 없다. 아무리 지혜로워도 사탄의 지혜를 앞지를 수 없다. 예수님의 권세를 입지 않고서는, 성령의 지혜를 얻지 않고서는 불가능한 전쟁을 하고 있다.

뿌리 깊은 사탄의 유전자

어느 부부가 아침에 부부싸움을 하게 되었다. 화가 난

아내는 집을 나갔다. 태어난 지 80일 된 딸이 잠에서 깨어나 칭얼대기 시작했다. 남편은 칭얼대는 딸에게 손톱으로 입 주위를 마구 찍었다. 그리고 주먹으로 얼굴을 수차례 때렸다. 그래도 울음을 그치지 않자 1시간이 넘도록, 아이가 죽을 때까지 딸의 온몸을 폭행했다.

다음 날, 아침 일찍 아내가 집으로 돌아왔다. 남편이 딸과 함께 침대에 누워 있었다. 아내는 아이가 자는 줄 알았다. 그런데 딸은 인기척이 없었다. 이상해서 살펴보았더니 이미 죽어 있었다. 너무나 놀란 아내는 동생을 시켜 경찰에 신고했다. 남편은 출동한 경찰에게 집에서 키우던 개를 가리키며 울면서 말했다.

"개가 딸을 물어 죽인 것 같아요."

그러나 그건 새빨간 거짓말이었다.

요즘 보나마나 뻔한 거짓말 다섯 가지가 있단다.

음주운전자가 말한다.

"딱 한 잔밖에 안 마셨어요."(5위)

중국집에서 말한다.

"출발했어요. 금방 도착할 거예요."(4위)

옷가게에서 말한다.

"어머, 언니한테 너무 잘 어울린다. 꼭 맞춤 같아요."(3위)

자리를 양보받은 노인이 말한다.

"에고, 난 정말 괜찮은데⋯."(2위)

국회의원이 말한다.

"단 한 푼도 받지 않았어요."(1위)

거짓말에 아주 능수능란한 사람이 있다. 이런 사람은 있는 것도 없게 만든다. 더구나 없는 것도 있게 만든다. 정말 대단한 사람이다. 이런 사람이 공동체 안에 있으면 공동체는 서서히 병들게 된다. 그러기에 건강한 공동체를 만들려면 거짓말을 하지 말아야 한다. 그뿐만 아니라 거짓말에 현혹당하지 말아야 한다. 거짓말을 하는 사람은 거짓말을 믿어주는 사람이 있기에 자꾸 습관화되는 것이다. 거짓말이 한두 번 통용되다 보면 자신도 모르는 사이에 거짓말을 즐기는 사람으로 바뀐다. 결국 거짓말을 들어주고 속아주는 사람이 한 사람을 거짓말쟁이로 만든다고 할 수도 있다.

국제노동운동의 지도자 레닌은 말한다. "거짓말은 혁명의 강력한 수단이며, 100번 하면 참말이 된다." 더구나 히틀러는 한술 더 뜬다. "아무리 새빨간 거짓말도 10번 이상 반복하면 참말로 들린다." 이러한 인간의 심리를 잘 알기에 광고회사들은 반복효과를 노린다. 똑같은 말을 수없이 반복하다 보면 사람들은 그 말의 진위 여부를 가리지도 않고 기정사실로 받아들인다는 것이다. 네거티브 캠

페인의 첫 번째 원칙이 바로 반복이다.

그런데 당신은 거짓말 대장을 알고 있는가? 사탄은 거짓말의 명수다. 그래서 성경은 사탄을 거짓말쟁이이자 거짓의 아비라고 고발한다. "너희는 너희 아비 마귀에게서 났으니 너희 아비의 욕심대로 너희도 행하고자 하느니라. 그는 처음부터 살인한 자요 진리가 그 속에 없으므로 진리에 서지 못하고 거짓을 말할 때마다 제 것으로 말하나니 이는 그가 거짓말쟁이요 거짓의 아비가 되었음이라"(요 8:44).

하와에게 찾아와서 능수능란하게 거짓말하는 사탄을 보라. "너희가 결코 죽지 아니하리라. 너희가 그것을 먹는 날에는 너희 눈이 밝아져 하나님과 같이 되어"(창 3:4-5). 불행하게도 하와는 사탄의 거짓말에 감쪽같이 넘어가고 말았다. 거짓말에 넘어간 하와는 인류에게 엄청난 불행을 안겨다주었다. 그런데 사탄의 거짓말 유전자가 모든 인간에게 흘러내리고 있다. 예수님의 수제자로 3년 동안 훈련받았던 베드로마저 거짓말을 했다. 그것도 세 번씩이나. "나는 예수라는 자를 절대로 모른다!" 나중에 가슴을 치고 통곡할 일이었지만 그는 살고 싶었다. 자신을 방어하기 위해, 자신을 보호하기 위해, 위험에 빠지지 않기 위해, 손해를 보지 않기 위해, 살아남기 위해 여상스럽게 거짓말을 일삼았다.

그러나 이런 거짓말은 거부되어야 한다. 자신의 인생을 불행하게 만들 뿐만 아니라 공동체를 불행하게 만들기 때문이다. 거짓말도 는다. 한 번 거짓말을 하게 되면 그다음은 당연시된다. 한 번, 두 번 하다 보면 어느덧 습관처럼 몸에 익숙하게 밴다. 그때는 입에서 거짓말이 술술 나온다. 거짓말이 참말처럼.

사탄의 유전자는 너무나 뿌리 깊게 우리 안에 박혀 있다. 사탄은 거짓말의 명수이다. 지금도 우리에게 교묘한 거짓말을 일삼으며 흔들고 있다. 그리고 우리 안에 심어 둔 거짓말을 습관화시켜 사탄이 요구하는 일에 노리개처럼 놀아나기를 바란다.

일본의 유명작가인 미우라 아야꼬는 이런 말을 남겼다. "이 세상에서 사람을 제일로 많이 죽이는 것이 무엇일까? 총일까? 총도 사람을 많이 죽이는 것이다. 칼일까? 칼도 사람을 많이 죽이는 것이다. 원자폭탄일까? 물론 그것은 사람을 무지막지하게 많이 죽이는 것이다. 그러나 역사 이래 이런 것들보다 더 많이 사람을 죽인 것이 있는데, 곧 세 치도 못되는 사람들의 혀이다. 대포와 총과 칼과 폭탄은 사람의 몸을 죽이지만 사람의 혀는 사람의 인격을 죽이는 것이며, 총을 쏘게 하고 대포를 쏘아 사람을 죽이게 된 배후의 원인도 사람의 말로 시작된다."

그런데 사탄이 인간의 혀를 사용하고 있다. 이 혀를 가지고 교회를 분열시킨다. 상처를 만들어 서로 미워하고 등을 돌리게 한다. 악을 조장하고 서로 모함하게 만든다. 바나바의 경건을 모방하려 했던 아나니아와 삽비라는 하나님을 속이고 성령을 속이는 말까지 했다. 그 결과는….

독약 대신 꿀물로 유혹하는 사탄

좋은 게 좋다는 말이 있다. 진짜 그렇다고 생각하는가? 좋은 것을 쫓아가다가 사탄의 종노릇을 하게 된다. 아무리 좋더라도 하나님이 싫어하는 것을 눈치 챌 수 있어야 한다. 달콤한 것만 따르다가는 사탄의 덫에 걸려들고 만다.

부지런한 한 젊은이가 있었다. 그는 매사에 성실하게 살았다. 그러니 사람들의 칭찬이 자자했다. 그러나 사탄은 이런 사람을 싫어한다.

어느 날, 사탄이 그에게 열 개의 병을 내보이면서 말했다.

"한 개는 독약이고 아홉 개는 꿀물이 들어 있다. 그런데 네가 꿀물을 고르면 평생 쓰고도 남을 만한 황금을 주겠다."

'열 개 중에 아홉 개가 꿀물이라?' 계산해 보니 한 번 해볼 만했다. 그래서 병을 하나 골랐다. 그런데 꿀물이었다.

사탄은 그에게 황금 덩어리를 주면서 말했다.

"황금이 떨어지면 또 오렴."

그때부터 젊은이는 일을 멀리하게 되었다. 대신 도박에 빠졌다. 그러다 보니 돈과 집을 모두 잃어버렸다. 예전에 사탄이 하던 말이 생각났다. 그래서 사탄을 찾아갔다. 이번에도 꿀물을 고르고 황금을 얻었다. 이런 삶이 반복되었다. 그런데 이상한 일이다. 젊은이가 고를 때마다 늘 꿀물을 골랐다. 젊은이는 운이 참 좋다고 생각했다. 그런데 사실 사탄은 처음부터 꿀물만 가지고 있었다. 황금으로 그 젊은이를 유혹해서 청춘을 낭비하도록 했던 것이다.

이 정도 되면 사탄의 정체를 알겠는가? 사탄은 지금도 독약 대신 꿀물로 우리를 유혹한다. 이리의 모습으로 다가오지 않는다. 양의 탈을 쓰고 다가온다. 흉측하게 다가오는 게 아니라 곱상하고 부드럽게 다가온다. 위협하면서 다가오는 게 아니라 달콤하게 속삭이며 다가온다. 예수님을 믿는 것보다 세상의 즐거움이 더 크다고 속삭인다. 좋은 자리, 좋은 조건, 좋은 환경을 추구하라고 유혹한다. 우리를 꿀물에 길들이려고 한다. 고난은 빼버리고 영광에만 취하게 한다. 예수님도 좋지만 세상도 알아야 하지 않느냐고 유혹한다. 그런데 좋은 것, 달콤함을 거절하는 용기를 가져야 한다.

현실에 적응하기 위해 교회를 멀리하게 한다. 지혜롭게 타협하며 살려면 세상의 방법을 취해야 한다고 말한다. 과도한 건 좋지 않으니 믿더라도 적당하게 믿으라고 한다. 가지면 좋으니 많이 가지라고 말한다. 많이 갖기 위해서 편법을 좀 쓰면 어떠냐고 유혹한다. 불법을 좀 하면 어떠냐고 속삭인다. 남들도 다 그런다고.

흑이면 어떻고, 백이면 어떠냐고 한다. 서로 더불어 사는 게 좋지 않느냐고. 사찰에서도 예수님이 오신 성탄절을 축하해줄 테니 교회에서도 부처님 오신 날을 경축해 달라고 한다. 서로 포용하고 관용하자고 한다. 이 세상에 절대가 어디 있느냐면서 서로 인정해주며 다정하게 손잡고 함께 가자고 한다.

성경은 위에 것을 바라보라고 한다. 하지만 사탄은 땅에 것을 바라보게 한다. 예수쟁이도 가진 게 있어야 큰소리를 칠 수 있다고 한다. "가난해봐. 교회에서 누가 알아주나?"라고 부추긴다. 전도하고 선교하려면 성공해서 영향력을 행사해야 한다고 속삭인다. 큰일을 하려면 교회가 크고 재정이 빵빵해야 한다고 한다. 설교자들도 그리스도인들이 세상에서 성공하고 영향력 있는 삶을 통해 세상을 변화시켜야 한다는 영적 고지론을 설파한다. 그러면서 교회를 세속화시킨다. 유물론적인 사고에 젖어들게 한다. 물질만능사상에 빠져들게 만든다. 그러면서 교회와 그리스도인은 자신도 모르는 사이에 타락해간다. 서서히 데워지는 물에서 개구리가 안락하게 죽어가는 것처럼.

그런데 하늘을 쳐다보지 않으면 병든다는 사실을 아는가? 지금

실험해보라. 고개를 숙여 아래를 보라. 그리고 정면을 쳐다보라. 다음에는 하늘을 쳐다보라. 어떤 때가 가장 편한가? 우리는 너무 고개를 숙이고 아래만 쳐다보고 산다. 컴퓨터를 할 때도 그렇고, 책을 볼 때도 그렇다. 일을 할 때도 대부분 아래를 내려다본다. 그래서 목에 병이 생긴다.

의사는 자주 고개를 뒤로 젖혀 하늘을 쳐다보라고 말한다. 그래서 나는 자주 고개를 들고 하늘을 쳐다본다. 척추를 건강하게 하는 비법이다. 목에 이상을 가져오지 않는 비결이다. 더 중요한 것은 그러면서 하늘에 계신 아버지를 묵상한다. 인간은 본래 하늘을 바라보며 사는 존재이다. 하늘로부터 만나와 메추라기가 내려온다. 육의 양식으로 사는 존재가 아니라 하늘로부터 내려오는 신령한 양식을 먹고사는 존재이다. 신령하고 아름다운 것이 위로부터 내려온다. 세상 지혜가 아닌 하늘로부터 내려오는 지혜로 세상을 풀어가야 한다. 성도는 하늘로부터 도움을 받고 사는 존재이다. 그래서 하늘을 향해 눈을 들어야 한다.

돼지 등뼈는 하늘을 바라볼 수 없게 되어 있다. 그래서 돼지는 땅만 바라보면서 꿀꿀거린다. 흙탕물을 뒤지고 오물을 뒤지면서 먹을 것을 찾는다. 그러다가 돼지가 뒤집어지면 별천지가 보인다. 푸른 하늘이 보이고 뭉게구름이 수놓인 광경이 보인다. 생전 처음 보는 광경이다. "세상에 이런 별천지도 있었네." 뒤집어져 보니 새로운 세계가 눈에 들어온 것이다.

그렇다. 성도의 마음과 시선은 하늘에 집중되어야 한다. 영혼을 들어 하늘에 계신 아버지로부터 도움을 구해야 한다. 하늘에서 내려오는 지혜를 얻어야 한다. 그래야 사탄에 대항할 수 있다.

'내일부터'라는 타협의 함정

C. S. 루이스가 쓴 「악마의 편지」에 나오는 이야기다. 어떤 영국의 노신사가 대영제국의 도서관을 찾아갔다. 도서관에 들어간 노신사는 여러 가지 책을 뒤적이다가 신앙에 관한 책을 한 권 읽게 되었다. 그 책을 읽으면서 그 노신사의 마음속에 하나님에 관한 생각이 싹트기 시작했다. '하나님은 어떤 분일까? 나는 그분과 어떤 관계를 맺어야 할까?'

이런 생각을 하고 있는 노신사에게 그 순간 악마가 찾아왔다. 악마는 그의 마음속에 이렇게 말하기 시작했다.

"점심시간이야. 뭘 그렇게 생각해? 점심이나 먹어."

그 순간, 노신사는 하나님에 대해 생각하는 것을 멈추고 식탁으로 갔다. 점심을 먹다가 또 갑자기 다시 하나님에 대한 생각이 마음속에 일기 시작했다. '하나님은 과연 어떤 분일까?'

그런 생각을 하자 악마가 다시 그 마음속에 속삭였다.

"밥 먹는데 골치 아프게 뭘 그런 생각을 하나? 우선 식사나 끝내자고."

점심식사가 끝났다. 또다시 하나님에 대한 생각이 마음속에 일어났다. 그러자 악마가 다시 속삭였다.

"오늘은 너무 바빠. 그런 건 나중에 한가할 때 생각해."

노신사는 도서관을 나와 집으로 가는 버스를 탔다. 그러나 그는 아무런 변화도 없이, 다른 때와 똑같은 모습으로 집으로 돌아가고 있었다. 그런 노신사의 뒷모습을 보면서 악마는 회심의 미소를 지었다.

혹시 지금 당신도 이런 유혹에 빠지고 있지 않은가?

"나중에 하지 뭐. 오늘만 날인가?"

그러면 사탄은 기특하다고 박수를 칠 것이다. 그러나 당신은 이미 사탄에게 졌다. 사탄은 "천천히"라고 말한다. "다음에"라고 말한다. 하지 말라는 게 아니다. 천천히, 다음에 하라는 것이다. 그러다 보면 우리는 기회를 다 놓치고 만다. 성경을 읽을 기회도, 전도할 기회도, 예배드릴 기회도, 선을 행할 기회도, 주님의 뜻대로 살아갈 기회도, 주님과 교제를 나눌 기회도 모두 다 놓치고 만다.

사탄이 제일 좋아하는 단어는 '내일' '다음에'이고, 사탄이 제일 싫어하는 단어는 '지금' '오늘'이다. '나중에'라고 미루다가 사탄의 덫에 걸리고 만다. 사탄의 덫에 빠지지 않으려면 두 주먹을 불끈 쥐고 '당장' '지금 이 순간'을 외쳐야 한다.

어느 미용실 문 앞에 이런 광고가 붙었다.

"내일부터 요금을 절반으로 내리겠습니다."

광고가 붙자 그날 미용실에 가려고 했던 사람들조차 전부 다음 날 가려고 미루었다. 다음 날이었다. 사람들은 미용실로 달려갔다. 가격이 절반이니까. 머리를 하고 난 뒤 사람들은 평상시의 절반에 해당하는 요금을 냈다.

그러자 주인이 웃으며 말했다.

"돈이 부족합니다."

"무슨 말씀이세요. 평소에 내던 절반이 맞잖아요."

"그러니 부족하죠. 원래의 금액만큼 내야지요."

주인의 말을 들은 손님들은 항의했다.

"무슨 말이에요. 오늘부터 요금을 절반으로 내리겠다고 하지 않았습니까? 그래서 오늘 왔습니다."

"광고를 자세히 보지 못하신 것 같군요. 자세히 보십시오. 언제부터라고요?"

"내일부터요."

"오늘부터가 아니고 내일부터입니다."

결국 손님들은 요금을 전액 지불해야 했다.

사탄이 하는 수작이 이와 같다. 우리의 눈을 속인다. 우리의 마음을 속인다. 속은 것 같지도 않게 속인다. 억울하다는 생각을 갖지도 못하게 우리를 죄에 빠뜨려 놓는다.

어린 시절 꿩이나 산토끼를 잡기 위해 덫을 놓곤 했다. 그러면 덫에 계속해서 걸려든다. 어리석기 때문이다.

사탄도 우리를 잡기 위해 덫을 쳐놓는다. 사탄이 쳐놓는 일곱 가지 덫이 있다.

첫째, 누구나 하는 것인데 내가 했다고 죄가 될까?

둘째, 아직 젊으니까 신앙은 나중에 나이가 들어서 갖자.

셋째, 사소한 것이니 큰 문제는 없겠지.

넷째, 딱 한 번이니까 괜찮겠지.

다섯째, 아무도 보지 않으니까 괜찮겠지.

여섯째, 이것이 나에게 주어진 좋은 기회가 아닐까?

일곱째, 그동안 너무 힘들게 살았으니까 이 정도는 보상으로 생각해도 괜찮겠지.

그럴싸한 덫이 아닌가? 타협하고 협상하기 쉬운 조건이 아닌가? 아니, 우리 뇌리에도 이미 자리 잡고 있는 생각들이 아닌가? 사탄을 너무 하찮게 생각하지 말아야 한다. 사탄이 쳐놓는 덫을 무시해서는 안 된다. 사탄은 우리를 넘어뜨릴 충분한 전략을 갖고 있다. 우리의 심리를 이용할 정도로 충분히 사악하다. 넘어지는 줄도 모르게 넘어지게 만든다. 그렇다고 너무 주눅들 필요는 없다. 우리에게는 사탄을 대적할 만한 든든한 백이 있으니까.

그래서 기독교 상담신학자인 J. E. 아담스는 말한다. "하나님은 우리를 죄의 지배에서 벗어나게 하셨고, 성경을 이해하고 따를 수 있도록 우리 안에 성령을 보내셨으며, 또 우리에게 힘을 주시겠다는 자신의 약속을 통해서 커다란 격려를 주셨다."

사탄을 두려워하지 말아야 한다. 사탄을 담대하게 대적하기 위해 사탄보다 더 강한 하나님을 의지해야 한다. 사탄의 지혜를 능가하는 성령의 지혜를 구해야 한다. 비둘기처럼 순결하고, 뱀처럼 지혜롭게 사탄이 장악하려는 세상을 향해 나아가 그리스도의 군사로 당당하게 살아가야 한다.

CHAPTER 5

사탄이 쳐놓은
습관 중독에서 헤어나라

사람은 무엇엔가 사로잡혀 산다. 그렇지 않으면 허전해서 살아갈
수가 없다. 삶의 의미를 발견할 수도 없다. 열정이 나오지 않는다.
무엇엔가 사로잡히지 않으면 맥 빠진 인생을 살게 된다. 그러나 무
엇엔가 사로잡히게 되면 생기가 돋는다. 열정과 에너지가 분출된
다. 그래서 사람들은 무엇엔가 사로잡히려고 스스로 기웃거린다.

우리 인생을 지배하고 주인 노릇을 하려는 것이 있다. 바로 '중독'
이다. 처음에는 대수롭지 않게 선택한다. 그저 마음을 기대고, 공허
를 채우고, 아픔과 고통을 잊으며, 단지 좀 즐기려고. 그런데 자신
도 모르는 사이에 자신을 잃어버린다. 그리고 그것에 의해 저절로

104 | 습관을 바꾸면 죄를 이긴다

움직이는 인생으로 전락한다.

그렇다면 중독이란 도대체 무엇인가? 심리학자 아치발트 하트는 중독을 "습관적으로 열중하거나 몰두하는 것"이라고 정의한다. 마약이나 그런 종류를 습관적으로 사용하는 것이다. 중독이란 어떤 것에 습관적으로 깊이 빠진 상태라고 할 수 있다. 우리를 빠뜨리는 것이 알코올일 수 있다. 마약이 될 수도 있다. 아니면 성(性)일 수도 있다. 음식, 도박, 인터넷, 스마트폰 등일 수도 있다. 심지어 자신도 잘 인식하지 못하는 일 중독, 관계 중독이나 종교 중독에 걸릴 수도 있다.

중독자는 일반적으로 인생의 어려운 현실을 도피하고자 하는 욕구 때문에 그 무엇엔가 집착한다. 그런데 얼마 지나지 않아서 그것에 사로잡혀 허덕인다. 중독 증상을 보이게 되면 거기에서 빠져나오기가 어렵다. 그래서 중독은 포악하고 잔인한 인생의 주인이다. 중독은 우리를 잔인한 노예로 전락시킨다. 결국 중독의 늪에서 헤어 나오지 않고는 정상적인 인생을 향유할 수 없다.

우리 곁에 있는 흔한 중독 증상들

어느 알코올 중독자의 고백을 들어보라. "어느 날부터

술을 마시지 않으면 잠을 못 자는 저는 알코올 중독자가 되어가네요. 남편을 보낸 지 6개월에 접어듭니다. 전화번호도 지우지 못하겠어요. 가끔 돌아오지 않는 목소리라도 들으려 전화번호를 누르기도 하고, 문자도 보냅니다. 추운데 밥은 먹었는지, 이불이라도 덮고 자라고. 그리고 대성통곡합니다. 세월이 가면 잊을까요? 가슴에 대못이 박힌 것 같아요."

그녀는 남편을 보내고 슬픔을 달랠 길이 없었다. 마음이 우울해질 때마다 슬픔을 조금이라도 달래보려고 한 잔씩 마셨다. 그런데 이제는 술 없이는 자신을 버틸 수가 없다. 처음에는 자신이 술을 마신다. 아픔을 잊기 위해, 슬픔을 달래기 위해, 고통에서 벗어나기 위해. 그렇게 찾은 술이 이제는 술이 술을 마시는 단계가 된다. 술이 또 다른 술을 요구한다. 어느 순간부터 스스로 멈출 수가 없다. 술이 다른 술을 끄는 힘이 있으니까. 그러다가 급기야 술이 사람을 삼켜버린다. 꼼짝없이 술의 노예가 된다. 이쯤 되면 인격도 파탄에 이른다.

술이 사람을 삼켜버리면 이성이 마비된다. 온 몸이 술 냄새로 찌들어 있다. 말이 많아진다. 한 말을 하고 또 한다. 지겨워서 듣고 있을 수가 없다. 더는 뇌가 생각을 지배하지 못한다. 자기 마음대로 몸을 통제할 수가 없다. 혀가 꼬이고 다리가 흔들린다. 길거리에서 전봇대와 시비를 벌이고 있다. 가만히 있는데 전봇대가 와서 자신을 박았다는 것이다. 그런데 술이 깬 다음에는 멀쩡하다. 다시는 술을 안 마시겠다고 다짐한다. 하지만 소용이 없다. 한순간도 알코올 없이는 살아갈 수 없는 지경이 되었으니까. 그래서 비참하게도 술병을 달고 산다.

오래전의 이야기다. 부목사 시절의 일이니까. 어느 날, 심방을 갔다. 서른 살이 넘은 아들과 어머니가 살고 있는 가정이었다. 아들은 결혼을 하고, 자식도 있었다. 그런데 이혼을 했다. 아이들은 아내와 함께 산다. 왜? 알코올 중독 때문이다. 알코올 중독에 걸린 남편, 아빠와는 도저히 살 수 없다는 것이다.

예배를 드리고 나오려는데 아들이 말을 걸었다.

"목사님, 만 원만 주세요."

벌써 20년 전이니 돈 만 원은 그래도 가치가 있었다. 나는 불쌍해서 돈은 주었다. 그리고 집을 나왔다. 그런데 잠시 후에 아들이 가만히 뒤를 따라 나왔다. 우리가 못 봤다고 생각한 모양이다. 그러더니 곧바로 가게로 달려가 술을 샀다. 그다음부터 나는 절대로 돈을 주지 않았다. 그는 술 때문에 망가진 인생이다. 가족도 잃었다. 매일 늙은 어머니와 씨름하고 있다. 그런 아들과 싸워야 하는 어머니로서는 하루하루 살아가는 게 지옥 같을 것이다. 술이 웬수다.

알코올 중독 못지않게 위험한 게 '도박 중독'이다. 도박에 빠지면 가족이 눈에 보이지 않는다. 돈을 대주지 않는다고 가족에게 폭언을 퍼붓고 폭행을 일삼는다. 도박에 빠진 사람의 눈을 보면 정상이 아니다. 도박에는 약이 없다고 한다. 정말이지 도박 중독에는 치료방법이 없을 성 싶다. 도박을 하지 못하게 손목을 자르면 잘린 손목으로 어떻게 해서든 화투를 쥔다. 손목이 없으면 발가락으로라도 카드를 쥐고 도박을 한다. 결국 도박 중독자는 집안을 망치고 가족마저 팔아먹는다. 패가망신의 지름길을 걸어가고 있다.

요즘 도박은 더 발전했다. 카지노에 빠져 국내와 해외를 전전긍긍하는 이들이 늘어가고 있다. 그뿐만 아니라 경마에 빠져 늘 경마장 주변을 기웃거리는 사람도 많다. 더구나 인터넷 시대에 인터넷 상에서 눈이 벌겋도록 도박에 빠져 있는 사람도 많다.

최근 한 인기 연예인이 10억 원대 불법도박 혐의 때문에 검찰조사를 받았다. 그는 2008년부터 시작해서 2013년 초까지 사설 사이트에서 10억 원이 넘는 돈을 베팅해왔다. 결국 그는 비통한 심정으로 고백했다. 매니저와 함께 취미로 시작했지만 시간이 지날수록 끊을 수 없게 되었다고. 어떻게 쌓아올린 명성인가? 그 자리까지 오는 데 숱한 일을 다 겪었을 것이다. 그런데 결국 방송을 하차할 수밖에 없었다. 너무 허망한 일 아닌가? 이게 다 도박 중독 때문이다. 한 방송인은 상습 인터넷 불법도박에 빠져서 인생을 망쳤고, 어느 여가수는 상습적으로 해외 원정도박을 즐기다가 걸렸다. 유명 개그맨 역시 해외에서 도박을 하다가 적발됐다.

스포츠 도박이 국내에 도입된 것은 10년이 넘었다고 한다. 그런데 심각한 문제가 있다. 스포츠 도박을 도박이라고 생각하지 않는다는 점이다. 스포츠 도박은 단순히 게임의 승패를 맞추는 걸로 시작한다. 그러다 보니 경계심이 다른 도박에 비해 현저히 떨어진다. 도박이 아니라고 생각한다. 그래서 스포츠 도박 중독자는 지속적으로 증가하고 있다.

도박 중독도 무섭지만 '성(性) 중독' 때문에 인생을 망치는 사람도 많다. 32세의 미혼 남성이 있다. 지방에서 근무하다가 주말에만 집으로 온다. 주중에는 회사 기숙사에서 직원들과 함께 지내곤 한다. 술친구가 많아서 술을 자주 마시는 편이다. 술자리는 결국 2차까지 가게 된다. 자신도 끌리기는 하지만 친구들과 함께 분위기에 떠밀려 매매춘을 경험하게 되었다. 그런데 나중에는 이 생활을 즐기는 단계로 발전했다. 그럴 때마다 그는 죄책감에 빠지곤 했다. 그래서 그런 경험을 한 후에는 반드시 성당에서 고해성사를 했다. 매번 같은 내용을 고백해야 하기에 매번 다른 신부를 찾느라 힘이 들었다. 자신도 이런 상태에서 벗어나기를 바란다. 그러나 자신이 없다.

성에 중독된 한 여성이 있다. 틈만 나면 낯선 남자를 찾아 헤맨다. 침대 위에서 남자와 뒹구는 것이 최대의 즐거움으로 느껴진다. 모르는 남자와 하룻밤을 지낸 후 그 남자를 보내야 할 때는 가슴이 무너져 내리기라도 하는 듯하다. 도저히 참을 수 없는 지경에 이르면 한 남자와 헤어지자마자 또 다른 남자를 찾는다. 하루에 2~3명의 남자를 만나는 일도 잦다. 유독 주말이면 남자를 만나 술을 마시고, 그 남자와 성관계를 해야만 직성이 풀린다. 그렇다고 자신이 성중독이란 의심은 하지 않는다. 그저 남자가 없으면 못사는 여자 정도로 자신을 정의하고 자책할 따름이다. 주변 사람들에게 이런 모습을 들키지 않으려고 순진한 척 이중생활도 한다.

성 중독자는 스스로를 관리하고 제어할 능력이 없다. 관계 상실, 직장에서의 어려움, 법적 구속, 재정난 등을 달고 산다. 성이 아닌 것에는 흥미가 없다. 이들은 TV를 보며 자위하기, 성기노출, 일종의 거래관계로 이루어지는 대가성, 아동 성학대나 근친상간, 매매춘, 불륜 따위에 너무나 익숙하다.

서울중독심리연구소 김형근 소장은 "성 중독은 사랑을 받지 못해 생긴 병이다"라고 진단한다. 무엇보다 부모의 사랑이 없으면 성 중독에 빠질 위험성이 높아진다고 한다. 특히 학대, 비난, 혼자 오래두기, 무표정, 잦은 부부싸움, 지속되는 별거, 이혼, 병 때문에 자녀와 놀지 못할 때, 성적 노출이나 신체적 자극을 너무 일찍 경험했을 때, 부모의 사망 뒤 누구하고도 그 슬픔을 나눌 수 없을 때를 지목한다.

누구도 자유로울 수 없는 중독들이다. 나는 절대 그렇게 살지 않을 것이라고 장담할 것도 못된다. 그들 역시 다 그렇게 생각했던 사

람들이니까. 그래서 주님의 말씀처럼 깨어 있어야 한다. 경계심을
갖고 스스로를 돌아봐야 한다.

충동조절 장애의 하나인 인터넷 중독

몇 해 전 2월 10일, 그날은 바로 설날이었다. 그런데 불
행한 사건이 연거푸 발생했다. 어느 PC방에서 30대 초반의 남성이
급사했다. 그는 3일을 내리 PC방에 붙어 있었다. 호르몬 과다분비
로 인한 사망이라고 한다. 이렇듯 인터넷 중독은 죽음마저 불러온
다. 즐거운 설 연휴 기간에 또 다른 30대 남성이 닷새 동안 PC방에
서 인터넷 게임을 하다가 숨졌다. 그는 식사도 거른 채 게임에만 몰
두했다. 결국 그는 쓰러졌고, 병원으로 옮겨졌지만 목숨을 잃고 말
았다.

또 다른 사건이 일어났다. 50대 여성이 아파트에서 숨진 채 발
견됐다. 도대체 왜? 20대 초반의 아들 때문이었다. 아들이 어쨌기
에? 다 큰 아들이 온종일 인터넷에 빠져 있었다. 엄마는 속이 상했
다. 그래서 아들을 혼냈다. "넌 허구한 날 인터넷게임에 빠져 지내
냐?" 인터넷에 빠져 있는 아들을 향해 엄마가 속이 상해서 나무랄
수도 있는 일인데, 아들은 둔기를 휘둘러 엄마를 숨지게 했다. 그런

데 놀랍게도 그런 짓을 하고 난 후에 아들은 태연하게 TV를 봤다. 그러다가 PC방에 들러 인터넷 게임까지 즐겼다.

요즘 인터넷 중독은 심각한 사회문제이다. 그럼 인터넷 중독이란 도대체 무엇인가? '과도한 통신, 인터넷 사용에 의해 현실 세계에서의 일상생활에 실제 어려움이 생겨 자신이나 주변 사람들이 문제가 있다고 인식하게 되는 경우'를 말한다. 즉 인터넷을 과도하게 사용하여 인터넷이 없으면 불안해지고 초조해지는 상태를 말한다.

인터넷 중독에는 온라인 게임에 몰두해 심각한 문제가 발생하는 게임 중독, 무절제한 채팅을 통해 원조교제를 하거나 불륜에 빠지게 되는 채팅 중독, 온라인 주식 판매에 빠져들어 재산을 탕진하는 주식 중독 등으로 세분하기도 한다. 정신의학에서는 인터넷 중독을 병적 도벽, 병적 방화, 병적 도박과 같은 충동조절 장애의 하나로 보고 있다.

인터넷 중독에 잘 빠지는 유형의 사람들이 있다. 정서적 불안을 가진 사람, 낮은 자존감을 가진 사람, 정체성에 대한 불만을 가지고 있거나 사회생활에서의 자신감이 없는 사람, 자기실현에 실패한 사람, 환상적인 사고방식을 가진 사람 등에게 자주 나타난다.

한 중년 직장 남성은 자신의 솔직한 마음을 이렇게 털어놓는다. "포털 사이트에 접속했던 원래 목적이 뭔지 잊어버리고 머리가 띵할 정도로 검색을 하는 일이 잦다." 한 젊은 여성 역시 이런 고백을 한다. "처음엔 구경만 해야지 하고 쇼핑몰을 들어가지만 이내 갖고 싶은 마음을 참기가 어려워진다. 용돈이 없으면 엄마 카드를 훔쳐 결제하기도 한다."

인터넷 중독이라면 흔히 철부지 청소년들 세계의 일처럼 치부한다. 그런데 그렇지만도 않다. 최근엔 성인 중독이 늘어나고 있다. 인터넷 중독이라 하면 게임 중독만 떠올리기 쉽다. 그러나 인터넷 중독의 종류가 다양해지고 있다. 인터넷중독예방상담센터에 의하면 인터넷 중독을 네 가지로 나눈다. 게임 중독, 음란물 중독, 검색 중독, 인터넷 쇼핑 중독 등.

건국대학교병원 정신과 하지현 교수팀은 2012년 학술지 〈중독정신의학〉에 게재한 논문을 통해 인터넷 중독에 따른 여러 임상을 소개했다. 이들은 인터넷 중독을 5가지 유형으로 분류한 바 있다.

1. 웹 서핑형. 이들은 의미 없이 웹 서핑을 오랜 시간 동안 계속한다.
2. 관계 집착형. 이들은 남에게 나를 알릴 수 있는 SNS를 적극 활용하며 과도하게 정성을 쏟아 붓는 경우이다.
3. 게임형. 게임 중독을 말한다.
4. 정보수집형. 정보를 얻는 행위 자체에 몰두해 실제 일에서는 효율적으로 반영하지 못하게 되는 경우를 말한다.

5. 사이버 섹스 동영상 중독형. 즉 야동 중독현상을 말한다.
이들은 포르노에 빠져 헤어 나오지 못한다.

그렇다면 자신이 인터넷 중독에 빠져 있는지 진단할 수 있는 방법은 없는가? 공식적인 인터넷 중독 진단기준은 아직 없다. 그런데 미국의 심리학자인 킴버리 영 교수가 제시한 인터넷 중독 진단기준을 통해 진단해 볼 수 있다.

- 항상 인터넷에 대해 생각하십니까?
- 처음 생각했던 것보다 더 많은 시간을 접속해야 합니까?
- 인터넷 사용을 조절하거나 끊거나 줄이기 위해 반복적으로 노력하지만 항상 실패하고 있습니까?
- 인터넷 사용을 중단하면 불안하고 울적하며 우울하고 짜증나는 느낌을 받습니까?
- 인터넷을 하는 시간을 더 늘려야 만족스럽고 계획했던 일을 완수할 수 있습니까?
- 중요한 인간관계나 직업, 교육, 경력 상의 기회가 인터넷 때문에 위협받거나 위험에 처한 적이 있습니까?
- 당신이 인터넷에 빠져 있다는 것을 주변 사람에게 감추거나 거짓말을 한 적이 있습니까?

– 문제로부터 도피하거나 불쾌한 기분으로부터 벗어나기 위
해 인터넷을 사용한 적이 있습니까?

위의 질문에서 만약 5개 이상 '예'를 선택한다면 당신은 인터넷
중독일 가능성이 높다. 나도 인터넷을 많이 활용하는 편이다. 정보
수집도 하고 세상 돌아가는 이야기도 확인한다. 인터넷은 잘만 활
용하면 약이 될 수 있다. 그러나 잘못 활용하면 치명적인 독이 될
수도 있다.

우리나라 청소년 중 약 20~30%와 대학생의 10%가 게임과 인
터넷 중독으로 인해 일상생활의 어려움을 겪고 있다고 한다. 그래
서 인터넷 중독예방 상담센터에서는 자녀의 컴퓨터 중독을 막기 위
해서 도움이 되는 7가지 지침을 발표했다.

1. 부모 스스로 모범이 된다.
2. 컴퓨터를 하는 시간을 자녀와 함께 합의해서 정한다.
3. 적절한 운동과 야외활동을 규칙적으로 한다.
4. 컴퓨터를 거실과 같이 공개된 장소로 옮긴다.
5. 모니터 앞에서 식사와 군것질을 하지 못하게 한다.
6. 자녀가 하고 있는 게임에 대한 정보를 파악한다.
7. 체벌보다 사랑이 좋은 해결방법임을 잊지 않는다.

우리 집에는 다섯 사람이 있다. 아내는 인터넷과는 거리가 멀다. 걱정할 필요 없다. 큰딸이 좀 걱정이다. 내가 보기에 인터넷에 매여 있는 시간이 다소 길다. 물론 노트북으로 영화를 보기도 하고 공부를 하기도 하지만. 그래도 절제했으면 하는 마음이다. 둘째 아들은 학교생활에 푹 빠져서 인터넷을 거의 하지 않는다. 저녁에 아빠 노트북을 좀 활용하는 정도니까. 예고를 다니는 막내딸은 무용 교습 때문에 컴퓨터를 잡을 시간이 없다. 그러나 늘 경계심을 늦추지 말아야 할 게 인터넷 중독이다. 인터넷에 빠질수록 인간관계의 즐거움과 소중함을 잃게 된다. 하나님이 주신 소중하고 귀한 시간을 낭비하지 말아야 한다. 서로 교제하고 하나님을 예배하는 가치 있는 일에 활용해야 한다.

생각과 일상을 지배하는 스마트폰 중독

어느 날, 한 일간지에 '손목으로 옮겨간 스마트폰 대전(大戰)'이라는 제목의 글이 실렸다. 삼성전자에서 손목시계 형태의 스마트폰을 선보였기 때문이다. 삼성은 스마트워치를 개발함으로써 애플과의 전면전을 선포하고 있다.

어느 고등학교에서 2012년 스마트폰 중독 예방에 대한 열띤 강연이 진행되고 있었다. 강사는 정혜신 선생님이었다. 그분이 하는 이야기를 들어보자. "아이폰 수입이 결정된 2009년 11월, 당시 스마트폰 사용자 수는 불과 47만 명에 지나지 않았다. 그런데 2011년 4월, 천 만을 돌파했다. 3개월 후에는 1,500만까지 넘겼다. 그러더니 다시 석 달 후엔 2,000만을 넘겼다. 엄청난 속도로 증가하고 있다. 걷잡을 수 없을 정도로."

요즘 인터넷 중독보다 더 심각한 괴물이 등장했다. 소위 스마트폰 중독이라는 것이다. 공부를 안 하고는 살 수 있어도 스마트폰 없이는 못 산다. 친구 없이는 살 수 있어도 스마트폰 없이는 못산다.

딸에게 스마트폰을 사준 어느 엄마가 탄식하며 호소한다. "제 딸아이가 중학생이거든요. 착하게 자랐는데 스마트폰 때문에 걱정이에요. 대화시간도 줄고, 친구들과도 메신저로만 만나는 것 같아요. 인성이 꽃피는 시기인데 사회적응 부분에서 문제가 생길까 두려운 마음이 들어요." 어디 이게 특정한 엄마만의 고민일까? 대한민국 모든 부모의 공통된 고민이 아니던가?

한 학생이 솔직하게 고백한다. "스마트폰 꺼놔도 상관없는데, 막상 안 보고 있으면 불안해요. 그래서 계속 확인해요. 아무것도 안 날아왔는데도 또 꺼내보게 돼요." 필요에 의해 스마트폰을 샀다. 필요만 채우면 된다. 찾고 싶은 정보만 얻으면 된다. 적당히 즐기면 된다. 그런데 어느 순간 스마트폰은 사람을 사로잡았다. 모든 시간을 정복했다. 생각과 관심을 모두 지배하게 되었다. 앉으나 서나 스마트폰 생각이다.

요즘은 스마트폰 시대라고? 아니다. 스마트폰의 노예시대라 해야 한다. 이제 인간은 스마트폰에 종속되어 있다. 스마트폰이 조종하는 대로 끌려 다닌다. 어디를 가나 남녀노소 할 것 없이 스마트폰을 들여다보느라 정신없다. 10~30대는 스마트폰을 평균 3~6분에 한 번씩 만진다고 한다. 걸을 때, 화장실에 갈 때, 심지어 밥을 먹을 때도 스마트폰을 본다. 스마트폰이 없으면 불안해진다.

그래서 미국의 시카고대학교 월헴 호프만 교수는 심각한 경고를 한다. "스마트폰의 중독성이 담배나 알코올보다 강할 수 있다." 사람들은 알코올이나 담배, 약물 중독에 대해서는 심각해 한다. 그런데 스마트폰 중독에 대해서는 심각하게 생각하지 않는다. 단지 시대적인 트렌드나 문화 정도로만 생각한다.

아마 이렇게 말하고 싶을 것이다. "스마트폰 중독이라니요? 당치도 않습니다. 저는 그저 몸에 항시 지니고 있을 뿐이고, 없으면 불안할 뿐이고, 그래서 그냥 괜히 한 번 켜볼 뿐인데…" 그게 맞다. 그런데 그걸 스마트폰 중독이라고 한다.

젊은 커플이 데이트를 즐기고 있다.

"오빠! 스마트폰 재밌어?"

"어."

"나보다 더 좋아?"

"아니."

"거짓말하네."

여자친구는 그 자리를 박차고 나가버렸다. 남자친구는 영문을 몰라서 답답하다. 그런데 그의 손에 스마트폰이 쥐어져 있다.

하이키한의원 박승만 원장은 스마트폰 중독의 폐해에 대해 이렇게 말한다. "휴대폰을 많이 사용하는 어린이들은 산만하고 주의력이 부족해지며, 충동적이고 과다활동의 증상을 보이는 주의력결핍 과잉행동장애(ADHD)가 많이 발생한다. 또한 주의력 부족으로 학습능력과 인지기능이 떨어지게 되어 균형적인 인격 형성에도 장애가 된다."

건강보험심사평가원의 설명도 심각한 경고를 준다. "스마트폰이 사용되기 시작한 2009년부터 목과 척추 관련 건강문제가 심각해지고 있다. 한창 자랄 나이에 스마트폰에 중독되면 목 디스크, 척추, 시력저하 등으로 체형이 망가지게 된다. 웅크린 채로 스마트폰에 오랜 시간 열중하다 보면 시력이 나빠지고, 목과 척추가 구부정하게 변하는 등 체형 불균형이 나타나게 된다."

소위 '디지털 치매'라는 게 있다. 요즘 들어 부쩍 뭔가를 깜박깜박 하는 일이 잦은가? 그렇다면 스마트폰을 의심해보라. 스마트폰에 너무 많은 정신을 팔다 보면 다른 일을 잊는 현상이 잦아진다.

심지어 사고의 마비증상까지 온다. 스마트폰? 좋지만 인생을 망치는 치명적인 악성코드이다. 나중에는 대인관계를 해치고 사회생활에도 막대한 지장을 준다. 스마트폰에 중독되면 공감능력이 저하되고 대화가 단절된다. 스마트폰 중독은 이제 심각한 사회문제이다.

그러다 보니 한국기술개발원에서는 스마트폰 중독에 대한 자가진단 테스트를 개발했다.

1. 스마트폰이 없으면 손이 떨리고 불안하다.

2. 스마트폰을 잃어버리면 친구를 잃은 느낌이다.

3. 하루에 스마트폰을 2시간 이상 사용한다.

4. 설치한 앱이 30개 이상이고 대부분 사용한다.

5. 화장실에 스마트폰을 가지고 간다.

6. 스마트폰 키패드가 쿼티패드이다.

7. 스마트폰 글자 쓰는 속도가 빠르다.

8. 밥을 먹다가 스마트폰 알람이 들리면 즉시 달려간다.

9. 스마트폰을 보물 1호라고 여긴다.

10. 스마트폰으로 홈쇼핑을 한 적이 2회 이상 있다.

이제 자신을 진단해보라. 1~2개는 양호한 편, 3~4개는 양호하지만 조심, 5~7개는 중독이 의심, 8개 이상은 완전 중독. 당신은 안전한가? 우리 자녀는 안전한가? 누구도 장담할 수 없다. 지금은 그렇지 않다고 해도 내일은 보장할 수 없다.

하지만 긍정적인 중독도 있다

심리학자 아치발트 하트는 자신의 저서 「숨겨진 중독」에서 "모든 중독은 영적인 뿌리를 가지고 있다"라고 말한다. 그뿐만 아니라 영적인 결과도 갖고 있다.

- 중독은 영적 우상의 형태이다. 중독이 되는 사물이나 행동을 예배한다.
- 중독은 에너지를 쥐어짜며 주의를 요구한다. 그래서 중독자는 영적 활동에서 멀어진다.
- 중독은 지속적으로 실패감을 일으킴으로써 영적인 소득을 침식한다.
- 중독은 중독자와 하나님 사이에 거짓 장벽을 만든다. 이것은 용서를 받으려 하지도 않고 받을 수도 없는 죄의식의 장벽이다. 왜냐하면 용서는 회개해야 하고 중독을 포기해야 얻어지는 것이기 때문이다.

– 중독은 하나님에게 순종하는 것을 막는다. 왜냐하면 중독
   은 중독자가 육신과 쾌락의 욕구에 초점을 두기 때문이다.
– 중독은 죄를 영속시키는데, 죄는 하나님을 기쁘게 하지 못
   한다.

하트 박사는 중독에는 부정적인 중독과 긍정적인 중독이 있다고
말한다. 부정적인 중독은 짧게 봐서는 기분이 좋다. 하지만 결국에
는 부정적인 효과를 준다. 반면 긍정적인 중독은 짧게 봐서는 불쾌
하다. 하지만 궁극적으로는 긍정적인 결과와 연결되는 습관이다.
운동을 시작하는 사람은 처음에는 고통스럽고 힘이 든다. 그러나
나중에는 운동이 주는 유익을 거둬들이게 된다. 유연성이 길러지고
에너지가 증가한다. 원기 왕성한 신체운동에 뒤따르는 행복감이 앙
양된다.

아치발트 하트는 긍정적인 집착 내지는 습관을 몇 가지로 제시
한다. 예를 들면 성경 읽기, 기도, 고독 같은 것이다. 특히 그리스도
인은 하나님의 고요하고 세미한 음성에 초점을 맞추어야 한다. 고
독은 자신을 점검하고 자신에게 무슨 악한 행위가 있나 볼 수 있는
장소이다. 그러기에 고독을 맛보게 되면 그것에 잘 중독될 수 있다.

중독의 영적인 치유는 회개로부터 시작되어야 한다. 중독은 죄
된 행동에 가담하고자 하는 유혹이다. 그러기에 중독을 빠져나오는

길은 먼저 우리의 죄 됨을 인식해야 한다. 그리고 중독이 가져오는 심각한 결과를 알아야 한다. 중독이 제공하는 유혹을 외면하려는 단호한 결단을 해야 한다. 그뿐만 아니라 중독자는 거룩한 주인으로 바뀌어야 한다. 거룩한 취미를 계발해야 한다. 하나님의 말씀에 빠져야 한다. 찬양, 교제 그룹, 전도, 독서 등에 빠져야 한다.

우리 주변에는 사탄과 귀신에게 사로잡혀 살아가는 인생이 있다. 그들은 심리적으로 불안하다. 밝은 세계를 회피하고 사람과의 관계를 피한다. 얼굴이 어둡고 웃음을 잃었다. 눈동자가 흐려지고 비정상적인 말이나 행동을 일삼는다. 일상이 깨어지고 삶의 안정감이 사라진다. 그런데 성령에게 사로 잡혀 살아가는 인생도 있다. 이런 사람의 사고는 이성적이면서도 초월적인 면이 있다. 현실에 바탕을 두면서도 긍정적인 태도로 살아간다. 그의 전 인격은 성령에게 잠겨 있다. 생각과 말과 행동이 성령에 의해 통제되는 삶을 살아간다.

성령에게 사로잡혀 있는 사람은 두려움이 사라진다. 염려되는 일이 없는 건 아니다. 그러나 불안에 사로잡혀 살아가지는 않는다. 왜냐하면 성령을 의탁하기 때문이다. 염려의 버튼을 누르기보다는 기도의 버튼을 누른다. 자신은 할 수 없어도 성령의 능력을 신뢰한다. 자기 힘으로 살아가려 하기보다 성령의 도움으로 살아가려 한다. 그의 삶에는 아름다운 내적 변화가 일어난다.

그리스도인은 예수님에게 지배당하는 인생이다. 예수님은 인생의 주인이시다. 그러므로 우리는 생각과 행동이 예수님에게 장악되어야 한다. 늘 예수님을 생각하고 묵상해야 한다.

2008년 1월, 미국의 카터 대통령은 몇 만 명이 모인 청중 앞에서 연설했다.

"나의 전 생애를 통해서 감사한 것이 세 가지 있습니다."

그래서 모두들 이내 지레 짐작했다.

"아, 노벨상을 받은 것이겠지, 대통령이 된 것이겠지, 중국 주석을 만나고 세계적인 여왕을 만난 일이겠지."

그런데 그들의 생각은 엇나갔다. 카터 대통령이 감사한 일은 이런 것이었다.

"첫 번째, 예수님을 믿은 것이 제일 감사합니다."

하나님이 자신을 택하여 주의 자녀로 삼아주신 것이 너무 감사하다고 했다. 이보다 더 귀한 은혜가 없다는 것이다.

"두 번째, 나에게 교회 직분을 맡겨주신 것이 너무 감사합니다."

하나님이 집사 직분을 맡겨주셔서 평생 동안 주일학교 교사로 봉사하게 해주신 일이 너무 감사하다고 했다.

"세 번째, 하나님이 나에게 목수의 은사를 주신 것이 감사합니다."

그는 어려서부터 목수 일을 해서 의자를 잘 만들었다. 의자를 비롯해서 책상도 잘 만들고, 가재도구를 잘 만들어서 지금까지 90세가 넘도록 가난한 사람들을 위해, 전 세계에 집 없는 사람들을 위해 해비타트 운동을 하면서 목수로서 집을 지어주니 너무너무 감사하다는 것이다. 카터 대통령은 재임 시보다 재임 후에 더 존경을 받고 있다. 그에게는 예수 그리스도가 소중했다. 그분 중심으로 삶을 조정했다.

15세기 이태리 화가 레오나르도 다빈치가 42세 때였다. 어느 날, 밀라노의 로드비치 공이 다빈치를 찾아와서 "예수님의 최후의 만찬 모습을 그려 달라"고 요청했다. 그래서 다빈치는 혼신의 힘을 다해 그림을 그렸다. 예수님을 가운데에 놓고, 제자들을 좌우로 여섯 사람씩 배열했다. 어느 덧 그림이 완성되었다. 다빈치는 친구에게 자신이 그린 그림을 평가해 달라고 부탁했다. 친구가 그 그림을 보더니 아주 감탄했다.

"제자들을 예수님의 좌우로 적절히 배치했고, 아주 훌륭한 작품이야."

그러면서 한마디 덧붙였다.

"무엇보다도 예수님 손에 든 은잔이 너무 아름다워."

그 말을 듣는 순간, 다빈치의 얼굴이 하얗게 변해버렸다. 그리고 갑자기 붓으로 그림 위에 X자를 그어버렸다. 친구가 깜짝 놀라서 물었다.

"왜 이 아까운 그림을 망쳐버리는 거야?"

그러자 다빈치가 대답했다.

"이 그림은 예수님이 중심이 되어야 하는데 은잔이 중심이 되어버렸으니 실패작이지. 폐기 처분할 수밖에 없어."

그렇다. 그리스도인의 인생 중심이 바로 예수 그리스도가 되어야 한다. 그리스도에게서 벗어난 삶을 거부해야 한다. 다른 것이 삶의 중심을 차지하지 않도록 경계해야 한다. 그리스도에게 중독되어야 한다. 사도 바울처럼.

CHAPTER 6

영혼을 좀먹는
습관 바이러스를 퇴치하라

어느 교회 부목사로 사역하고 있을 때였다. 언제부턴가 새벽 두세 시가 되면 속이 아파 견딜 수가 없어서 어김없이 깨곤 했다. 일어나서 기도했다가, 밖으로 나가서 물을 마셨다가, 어떻게 해도 고통이 가시지 않았다. 어리석게도 며칠이 지나도록 견뎌냈다. 참는 데는 한가락 하는 사람이니까. 그런데 도저히 더는 버티기가 힘들 지경이 되었다. 병원을 찾아가서 진찰을 했다. 진찰 결과, 급성 위궤양이란다.

그때부터 주의해야 할 것이 많았다. 짜고 매운 음식 절대 사절, 밀가루 음식이나 기름기 있는 음식 사절, 과식은 절대 불가, 늦은 시간 식사 금지, 식사시간 지키기, 커피나 탄산음료 금지, 스트레스 받지 않기 등. 그리고 3개월 동안 약을 복용해야 했다. 아프니 어쩌겠는가? 자칫 잘못했다가는 더 큰 화를 불러일으킬 수 있으니 어쩌겠는가? 그래서 나는 의사의 진단과 처방을 철저히 따르기로 했다. 교회 안에서도 도움을 요청했다. 감사하게도 몸을 잘 회복할 수 있어서 지금은 괜찮다.

그때를 다시 회고해본다. 통증 때문에 정말 힘들었다. 불편한 게 한둘이 아니었다. 다른 것보다 나를 힘들게 했던 게 있었다. 모닝커피를 마실 수 없다는 것. "그런 걸 갖고 뭘 그래?"라고 할지 모르겠다. 그러나 나에게는 괴로운 일이었다. 매일 아침 출근해서 모닝커피 한 잔을 마시는 행복, 내 커피를 타면서 "커피 마실 사람?" 하면 "나도! 나도!" 하며 손드는 사람들에게 커피를 타주는 행복, 아마 내가 누리는 행복감을 대부분의 사람은 공감할 것이다. 그때 나는 커피를 입에 머금었다가 수돗가에 뱉는 것으로 위안을 삼았다. 그 정도로 습관을 퇴치하는 건 쉽지 않다. 그럼 지금은 마시지 않느냐고? 마신다. 위가 좋지 않았을 때는 너무 고통스러워서 마실 수가 없었다. 그런데 지금은 괜찮다.

이제 우리가 가진 습관의 바이러스들을 하나씩 찾아서 퇴치해보기로 하자. 자신이 가진 습관들을 드러내놓자. 그리고 하나씩 고치기로 작정해보자.

잘못된 생각의 흐름을 차단하라

인생은 방향이다. 속도를 중시하는 시대일수록 어쩌면 방향은 더 중요한지 모른다. 천천히 가는 사회에서 잘못된 방향은 치명타가 아닐 수 있다. 그런데 속도가 빠를수록 방향은 더 중요하다. 높은 속도에서 잘못된 방향의 영향은 이루 말할 수 없다.

매사에 방향은 중요하지만 특히 생각의 방향 잡이는 매우 중요하다. 생각은 모든 결정과 행동의 씨앗이다. 한순간의 잘못된 생각에 따라서 운명이 달라진다. 그러니 생각의 방향을 바로 잡는 건 목숨을 걸어야 할 일이다.

담임목사로 나갈 즈음의 일이다. 요즘 한 교회에 담임목사로 부임하는 게 하늘의 별 따기란다. 어지간한 교회에서 담임목사를 청빙하면 70통에서 100여 통의 이력서가 들어온다. 물론 박사학위 소지자가 부지기수다. 화려한 스펙, 대단한 학벌과 능력을 갖춘 목회자가 많다.

한 교회에 이력서를 제출했다. 설교도 하고 인터뷰도 했다. 그것도 두세 차례에 걸쳐서. 그런데 5개월 정도가 지났는데도 결과가 나오지 않았다. 마음이 조급했다. 하나님이 아직 담임목사로 보내시지 않는다는 생각이 들었다.

그래서 한국에서 건강한 교회로 알려진 대표적인 교회 세 곳에 부목사로 사역하기 위해 이력서를 제출했다. 그때 내 나이가 서른 아홉 살이었다. 한 교회에서는 당시 내가 섬기던 교회 출신의 목사는 청빙하지 않기로 했단다. 또 한 곳에서는 연락이 없었고, 다른 한 곳에서 전화가 와서 인터뷰 요청이 있었다.

어느 토요일, 그 교회의 담임목사님과 인터뷰를 하게 되었다. 평소에 뵙고 싶었던 존경하는 목사님이었다. 너무 소탈했고 마음이 끌렸다. 인터뷰를 한 후에 '주일 저녁이나 월요일 오전쯤이면 연락이 오겠지?' 하고 기다렸다. 그런데 월요일 아침까지 연락이 없었다. 점심시간쯤일까? 담임목사로 진행하고 있던 교회에서 오늘 저녁 5시경에 만날 수 있느냐고 연락이 왔다.

저녁에 몇 분의 장로님들과 만나 부임하기로 약속을 하고 집으로 왔다. 집에 와서 한 시간쯤 지났을까? 인터뷰를 한 교회 수석 부목사님으로부터 연락이 왔다.

"이사할 준비를 하세요."

여러 가지 생각이 교차했다. 그런데 이내 생각을 정리했다.

"목사님, 죄송합니다. 제가 연락오기를 많이 기다렸는데, 조금 전에 담임목사로 부임하기로 약속을 하고 왔습니다. 담임목사님께는 제가 개인적으로 죄송하다는 메일을 보내겠습니다. 죄송합니다."

그로부터 벌써 17년의 세월이 흘렀다. 한순간에 결정해야 하는 생각이었다. 그러나 내 인생에서는 너무나 중요한 결정이었다.

오만 가지 잡생각이라는 말이 있다. 우리는 하루에도 5만 가지 이상의 생각을 한다고 한다. 그렇게 많은 생각 가운데 아무 쓸모없는 생각도 많고, 심지어 악한 생각도 품는다. 생각의 양보다 중요한 건 생각의 질이다. 얼마나 많은 생각을 가졌느냐보다 어떤 생각을 품느냐가 중요하다.

생각을 품을 때 하나님의 뜻에 주목하는 훈련을 해야 한다. 많은 생각을 할지라도 하나님의 뜻과는 전혀 상관없이 인간적인 생각에 잠길 수 있다. 베드로처럼 하나님의 일을 생각하지 않고 사람의 일을 생각할 수 있다. 그럴싸하게 포장해서 하나님을 위한 일이라고 생각하지만 정작 인간적인 생각일 수 있다. 교회를 위한다고 하면서도 자신의 명예와 권력을 위한 생각일 수 있다. 내 생각을 하나님의 생각으로 착각하지 말아야 한다. 사탄이 베드로와 가룟 유다의 생각을 공략했다면 그 표적이 내가 될 수도 있다는 말이다.

하나님의 생각과 인간의 생각 사이에는 건널 수 없는 간격이 있다. 아무리 지혜롭고 신중한들 하나님의 생각을 따를 수 있으랴? 그래서 하나님의 생각에 굴복하는 훈련을 해야 한다. 바울의 권면처럼 우리의 모든 생각을 사로잡아 그리스도에게 굴복시키는 훈련을 해야 한다. 하늘의 뜻이 땅에 이루어지도록.

가끔 생각 없이 사는 듯한 사람들이 있다. 생각을 조금만 하면 저렇게는 살지 않을 텐데 하는 아쉬움이 든다. 깊이 사색하기를 좋아하는 사람이 있는가 하면 얕은 생각으로 살아가는 사람도 있다. 깊이 생각하는 사람들은 좀 더 신중하다. 그런데 깊이 생각하는 것을 귀찮아하는 사람이 있다. 그러니 실수가 잦다. 자주 실패한다. 일을 저질러 놓고 후회한다. 고 정주영 회장은 생각 없이 사는 사람을 가리켜 '빈대만도 못한 놈'이라고 핀잔을 주었단다. 왜? 빈대도 요리조리 생각해서 행동하는 것을 보았기 때문이다. 저차원적인 생각으로 살아가는 사람이 있는가 하면 고차원적인 생각으로 살아가는 사람도 있다. 생각을 할지라도 더 중요한 것을 생각하며 사는 습관을 가져야 한다.

예루살렘에서 여리고로 가는 길이다. 한 사람이 강도를 만나 돈도 빼앗기고 목숨도 끊어질 지경에 이르렀다. 그때 제사장이 지나갔다. 그는 강도 만난 사람을 피해서 갔다. 레위인도 마찬가지였다. 이들은 성전봉사자이다. 더구나 이스라엘 사람들은 시체를 가까이 해서는 안 된다. 부정하게 생각하기 때문이다. 종교적으로 볼 때 그들은 지혜로운 생각을 했다.

사마리아 사람이 그 장소를 지나가게 되었다. 순간 그는 불쌍한 마음이 들었다. 주저할 것도 없이 죽어가는 사람에게 다가갔다. 응

급조치를 취했다. 그리고 자신이 탈 짐승에 태워 주막까지 데려와서 돌봐주었다.

다음 날, 사업차 가야 하기 때문에 주인에게 돈을 주면서 환자를 돌봐달라고 부탁했다. 만약 돈이 부족하면 돌아오는 길에 들러서 주겠다고 당부했다. 유대인들 입장에서는 이해하기 어려운 비유를 말씀하셨다. 유대인의 입장에서 사마리아 사람은 상종도 하지 않을 정도로 멸시하던 사람들이다. 그런데 그는 유대 종교 지도자들이 선택한 것보다 훨씬 더 중요한 것을 선택했다.

그리스도인들은 땅에 발을 딛고서도 하늘의 것을 생각하며 사는 사람들이다. 무엇을 입을까, 무엇을 먹을까만 생각하면서 염려의 틀에 갇혀 살 수는 없다. 더 중요한 것을 위해 헌신하며 살아야 한다.

믿음의 사람은 최악의 상황에서도 최선을 생각하며 산다. 실패만 바라보며 한탄하지 않고, 실패를 통해 배울 것을 생각한다. 그리고 더 나은 성장과 발전을 위한 발판을 생각한다. 실수의 아픔만 생각하지 않고, 또 다른 실수를 하지 않기 위한 비법을 생각한다. 우리에게 다가오는 환경과 사건이 문제가 아니다. 바르게 생각하는 습관이 되어 있어야 한다. 수많은 생각 중에 선택하는 것은 바로 자신이니까.

감정을 표출하는 기술을 습득하라

감정은 하나님이 주신 선물이다. 그러나 감정은 사탄이 사용하는 도구로 전락할 수 있다. 모든 감정은 소중하다. 그러나 잘못 다뤄진 감정은 죄의 온상일 수 있다. 기쁨과 슬픔, 즐거움과 분노, 불안감과 안전감 모두 소중하다. 그러나 이러한 감정이 잘못 다뤄지면 죄로 치닫게 된다.

얼마 전에 전 김포시의회 의장이 구속되었다. 정치를 잘못해서? 공금을 횡령했는가? 그런 게 아니다. 아내를 폭행해서다. 어느 날, 대낮에 자신의 집에서 주먹과 골프채로 아내를 수차례 때렸다. 그런데 아내가 숨을 쉬지 않았다. 119에 신고하고 경찰에 자수를 했지만 이미 늦은 상태였다. 구조대가 집에 도착했을 때 아내의 심장은 멎어 있었다. 온 몸에는 멍 자국이었다. 심장이 파열되고, 다수의 갈비뼈도 골절된 상태였다. 세상에! 아내가 무슨 물건인줄 아는가? 어떻게 이토록 참담하게 두들겨 팰 수 있는가? 그는 술에 취해서 그랬다고 한다. "술이 웬수야!"라고 하기에는 너무 참담한 일이 아닌가?

경찰 진술에 의하면 "술에 취해 말다툼하다가 우발적으로 벌인 일이다." 이들 부부는 성격 차이로 평소에 감정이 많이 쌓여 있었단다. 그날도 아내와 함께 술을 마시다가 말다툼 끝에 일을 저지르고

만 것이다. 순간적인 감정이든, 묵은 감정을 참지 못해서이든, 취기를 못 이겨서이든 폭행자, 살인자가 되고 말았다. 그것도 자기 아내를 죽인. 그러니 감정을 자기마음대로 방치해서는 안 된다.

어느 날, 한 부부가 부부싸움을 하게 되었다. 남편이 몹시 화가 났다. 화가 난 남편은 감정을 주체하지 못하고 아내에게 소리를 버럭 질렀다.

"차라리 나가!"

그 말을 들은 아내 역시 화가 치밀어 올랐다. 그래서 벌떡 일어서며 말했다.

"나가라고 하면 못 나갈 줄 알아?"

아내는 방문을 박차고 밖으로 나갔다.

잠시 후, 아내가 자존심을 꺾고 집으로 들어왔다. 그때 아직도 화가 풀리지 않은 남편이 비꼬는 투로 소리를 질렀다.

"다시는 안 들어올 것같이 나가더니 왜 다시 들어와?"

그러자 아내가 생글생글 웃으며 말했다.

"가장 소중한 것을 두고 갔잖아."

"그게 뭔데?"

"바로 당신."

성숙하고 지혜로운 사람은 감정을 통제할 줄 안다. 아무리 자존심이 상해도 그것을 지혜롭게 다룰 줄 안다. 자신의 감정을 다룰 줄 아는 사람은 다투는 것을 피한다. 그런데 어리석은 사람은 감정을 잘 다루지 못하기 때문에 사소한 일로도 피 터지게 싸운다.

살다 보면 왜 속상한 일이 없겠는가? 그런데 속이 상한다고 다 화를 낼 수는 없다. 화낼 일이 없는 사람은 아무도 없다. 그러나 화가 치민다고 해서 그때마다 화를 내며 살 수는 없다. 화가 나는 대로 아무렇게나 말하고 살아간다면 그는 어리석은 인생이다.

어느 월요일, 학교 강의를 마치고 갈멜산 기도원에서 3시 집회가 있어서 운전하고 가는 중이었다. 라디오에서 재미있는 간증이 들려왔다. 내용은 이랬다.

선교사 부부가 함께 나와서 인터뷰를 하고 있었다. 이들 부부는 결혼한 후 너무 갈등이 심했다. 그래서 툭하면 싸우곤 했다. 정말로 사는 게 말이 아니었다.

선교사 사모님이 말했다.

"이혼을 늘 묵상하면서 살았어요. 남편은 나에게 악이 무엇인지를 가르쳐주었어요. 남편이 먼저 이혼하자고 해주기를 기다렸습니다."

기가 막히는 일이 아닌가? 방송 진행자가 남편인 선교사에게 물었다.

"그럼, 선교사님은 어땠어요?"

그러자 선교사님이 대답했다.

"나도 이혼을 많이 생각했었죠. 하나님께 수없이 기도했습니다. 제발 제 아내를 변화시켜 주십시오."

그러던 어느 날, 남편 선교사님이 에베소서 5장을 묵상하고 있는데, 33절 말씀이 꽂혔다고 한다.

"그러나 너희도 각각 자기의 아내 사랑하기를 자신같이 하고 아내도 자기 남편을 존경하라."

남편 선교사님은 그 순간 '나는 한 사람을 사랑하지도 못했구나!' 하는 생각이 들었다고 한다. 그때부터 기도를 바꿨다. "아내를 사랑하게 해주세요."

하나님은 선교사님에게 말씀을 주셨다.

"아내에게 감사하라. 미안하다고 말하라."

선교사님은 용기를 내서 하나님이 시키시는 대로 순종했다. 그때부터 부부 관계가 회복되기 시작했다고 한다.

사모님은 이혼의 위기 앞에 있는 사람들에게 말한다.

"조금만 더 참으세요!"

'조금만 참으세요!' 너무 잘 아는 사실이다. '참을 인'자 세 번이면 살인도 면한다는 말은 누가 모르나? 그러나 쉽지 않다. 화를 내는 게 너무 익숙한 습관으로 형성되어 있다. 화가 나는 순간만 참으면 큰 화를 불러일으키지 않는데, 그걸 못한다. "화가 치밀어 오르는데 어떻게 참아!" 맞는 말이다. 화가 치밀어 오르는데 참으라니? 그런데 가능한 일이다. 의식적으로 노력한다면 안 될 것도 없다.

나는 아내에게 감사하는 게 너무나 많다. 그 가운데 하나는 내가 화를 낼 때 아내가 잘 참아주었다는 사실이다. 지금이야 화낼 일도 없다. 화가 나도 소화해낼 능력이 있다. 그런데 결혼 초기에는 그렇지 못했다. 남들처럼 감정을 표출하지는 않았다. 그래도 속상한 마음이 밖으로 나타났다. 그때 아내가 내 감정의 흐름을 알고 미리 충돌을 피해주었다. 그리고 며칠 후에 감정이 정리되고 나면 나한테 이야기했다. 그럼 나는 사과를 했다. 이렇게 살아오다 보니 부부싸움을 할 일도 없다.

화가 나면 감정을 통제하지 못하고 부르르 떠는 사람이 있다. 손발이 떨리고 얼굴에 경련이 일어난다. 입술이 마르다가 나중에는 말려 올라가는 듯하다. 그 순간 감정을 통제하지 못하면 옆에 있는 물건을 가지고 상대방을 때린다. 무서운 사람이다. 이런 사람 곁에는 오래 머물지 않고 빨리 피하는 게 상책이다.

왜 그럴까? 그런 사람은 "나는 원래 성격이 그래서 안 된다"라고 말한다. 너무 무책임한 말이 아닌가? 바보같이 살아가겠다는 결심이 아닌가? 처음부터 침착하게 태어난 사람이 몇이나 될까? 우리 안에 계신 성령이 그렇게 무기력한가? 예수 그리스도의 마음을 품어 보려고 노력이나 한 걸까?

분노가 치밀어 오르는 일 앞에서 생각의 방향만 바꿔보라.

'저 사람은 저렇게도 생각하는구나.'

'저렇게도 해석할 수 있구나.'

'저게 저 사람의 스타일이구나.'

세상에 이해 못할 게 뭐가 있겠는가? 세상에 수용하지 못할 게 뭐가 있겠는가? 분노의 감정을 묵상하지 말아야 한다. 분노를 가슴에 오래 품는 건 위험하다. 가슴에 묵힌 분노의 감정은 언젠가 가스 폭발처럼 거세게 일어난다. 그때는 정말 감당할 수 없게 된다.

그러기에 자신의 감정을 솔직하고 정직하게 표현해야 한다. "속상하다" "마음이 매우 아팠다"고. 이때 분위기와 태도가 중요하다. 시간의 타이밍도 잘 잡아야 한다. 환경과 분위기도 잘 맞추어야 한다. 따지자는 분위기, 대들자는 분위기가 아니라 온유하고 겸손한 태도로 접근해야 한다.

대화의 기술도 필요하다. 아무 단어나 함부로 사용하지 말아야 한다. 극단적인 말은 일체 삼가야 한다. 물귀신처럼 오래전 일부터 늘어놓지 말아야 한다. 당면한 문제만 다루어야 한다. 그래서 어둠의 영이 파고드는 수작을 차단해야 한다. 사탄이 아름다운 선물인 감정을 가지고 장난치지 못하도록.

작은 태도의 변화가 성패를 결정한다

태도가 인생을 결정한다. 좋은 태도를 가진 사람은 좋은 결과를 낳는다. 그러나 나쁜 태도를 가진 사람은 그것 때문에 손해 보고 낭패를 당한다. 한 사람이 가진 태도에 따라 사람들에게 존경을 받을 수도 있고 무시를 당할 수도 있다. 그러기에 잘못된 태도는 반드시 교정해야 한다.

"나를 존중히 여기는 자를 내가 존중히 여기고 나를 멸시하는 자를 내가 경멸하리라"(삼상 2:30). 이건 비단 하나님의 마음만은 아니다. 사람도 똑같은 마음이다. 자신을 무시하고 경멸하는 자에게 호의를 베풀 사람은 없다. 자신을 따르는 사람을 가까이하려 한다. 사람들에게 사랑받기를 원하는가? 그렇다면 그를 사랑하라. 사람들이 당신을 가까이하기를 원하는가? 그렇다면 그 사람을 가까이하라. 사람들이 섬겨주기를 원하는가? 당신 역시 그 사람을 섬겨주라. 원리는 간단하다. 실천하느냐 그렇지 않느냐의 문제일 뿐이다.

성공적인 인생은 평소에 가진 인생 태도에 의해 결정된다. 살다 보면 의외의 복병이 많다. 감당하기 힘든 문제, 힘들게 하는 사람, 풀기 힘든 복잡한 일 등. 그래서 답답하고 짜증스러울 때가 많다. 그러나 그렇지 않은 인생은 하나도 없다. 그런데 대응하는 태도는 가지각색이다.

영국의 비평가 토머스 칼라일은 길을 가다가 만나는 돌을 디딤돌로 생각하라고 말한다. "길을 가다가 돌이 나타나면 삶의 패배자는 그것을 걸림돌이라 하고 승리자는 그것을 디딤돌이라 한다." 돌을 바라보는 태도가 다른 결과를 도출한다. 동일한 돌이 어떤 이에게는 디딤돌로 생각되지만 어떤 이에게는 걸림돌로 생각된다. 그렇다면 걸림돌 같은 사람을 바라보는 나의 태도는 어떠해야 할까?

자신이 맡은 일을 대하는 사람들의 태도도 각양각색이다. 도살장에 끌려가는 소처럼 마지못해 끌려 다니며 일하는 사람이 있는가 하면 묵묵히 자기 일에만 집중하는 사람도 있다. 그런데 어떤 이들은 일 자체를 즐긴다. 자신에게 주어진 과업뿐만 아니라 필요하다면 다른 사람들이 힘겨워 하는 일까지 함께 거들어준다.

직장에서 상사가 여직원을 향해 커피 심부름을 시키는 경우가 허다하다. 그때 어떤 생각이 드는가? '내가 커피 심부름이나 하려고 입사한 줄 아나?' 그러나 다른 사람을 섬길 수 있는 기회가 왔다고 생각하면 어떨까? 너무 똑똑하고, 너무 계산적인 게 유리할 수도 있지만 해가 될 때도 많다. 일본 한큐철도의 설립자 고바야시 이치조는 이런 말을 했다. "신발을 정리하는 일을 맡았다면 세상에서 신발 정리를 가장 잘하는 사람이 되라. 그러면 세상은 당신을 신발 정리만 하는 심부름꾼으로 놔두지 않을 것이다."

신세타령하며 울상이 되어 일해서는 안 된다. 자기가 맡은 분야에서 최고가 되려는 태도로 일해야 한다. 어떤 일을 하느냐가 중요한 게 아니다. 맡은 일에 자부심을 느끼고 최선을 다하느냐가 더 중요하다. 그 분야에서는 최고가 되고자 하는 마음으로. 그런 사람은 언젠가 조직으로부터 쓰임을 받게 될 것이다. 그런 사람은 다른 일을 해도 잘할 수 있다.

반면 도전적이고 반항적인 사람이 있다. 사탄은 반골기질을 가진 사람을 충동질하여 조직을 흔들어놓는다. 자신이 잘난 체, 제일인 체, 의로운 체 하지만 누구도 그런 사람을 반기지는 않는다. 조직과 질서에 순응할 줄 알아야 한다. 반골기질의 사람이 있는 조직은 갈등과 아픔을 반복한다. 매사에 공격적인 사람이 있다. 유순하게 말해도 될 텐데 공격적으로 말한다. 자신을 공격하고 찌르려는 사람에게 가까이 다가가기 좋아하는 사람은 한 명도 없다. 그들에게 상처를 받고, 그래서 그가 다가오기 전에 도망쳐버린다.

자기밖에 모르는 이기적인 사람도 있다. 그들은 매사에 자기 위주로 살아간다. 이기적이고 독선적인 사람은 공동체를 세울 수 없다. 자기 생각과 주장이 정답인양 똥고집을 부린다. 요즘 갑을관계로 사회가 시끄럽다. 갑을관계의 도마 위에 올랐던 회사는 그 여파 때문에 엄청난 손해를 보고 있다. 약자인 을을 좀 배려해준다면 세상이 얼마나 아름다울까? 갑이 자기 욕심을 챙기기만 하려고 하니 을이 뿔나서 들이받는 게 아닌가? 물론 을의 과도한 욕심으로 치받는 경향도 없지는 않겠지만.

자기 욕심과 이권만 챙기려 해서는 해답이 없다. 갑은 을을 존중하고 배려해주어야 한다. 그들에게 이익 배당을 충분히 해주고, 자부심을 느끼고 일할 수 있도록 만들어주어야 한다. 물론 회사와 조직을 이끌어가는 입장에서는 그렇게 단순하지 않다는 것도 알고 있다. 그러나 중심이 그래야 한다는 뜻이다.

을도 갑이 존재할 수 있도록 최선의 태도를 가져야 한다. 갑이 없으면 을도 없다. 갑이 흔들리면 을도 동일한 대가를 지불해야 한다. 우리는 IMF 경험을 통해 잘 알고 있다. 그러기에 갑과 을이 상생, 공존의 길로 나아가야 한다. 자기만 살자고 상대방을 죽이는 태도는 버려야 한다.

교만한 태도는 공동체에서 따돌림을 당한다. 잘난 체하는 사람과 함께 어울리기를 좋아하는 사람은 없다. 남들이 자기를 알아주고 인정해주기를 원하는 사람을 가까이하고 싶지는 않다. 안하무인격으로 남을 무시하는 사람이 있다. 늘 자기 생각만 옳다고 착각한다. 자기 말이 먹혀들어가야 한다고 생각한다. 사람들이 자신을 따라 주어야만 한다. 그렇지 않으면 화를 낸다.

역경과 실패를 대하는 태도도 중요하다. 고생을 해보지 않은 사람이 있다. 역경지수가 낮기 때문에 역경과 실패를 견뎌내는 힘이 약하다. 그래서 역경과 실패가 다가올 때 부정적인 생각과 파괴적인 태도를 가져서 인생을 망친다. 역경과 실패 속에 숨어 있는 성공의 씨앗을 보지 못한 채. 실수와 실패는 누구나 갈 수 있는 길이다. 너무 자존심 상해하지 않아도 된다. 지나친 열등감은 금물이다. 자괴감과 자책감을 갖는 것보다 다시 일어서는 태도가 중요하다.

김종훈 과학기술정보통신부 전 장관은 억만장자이다. 하지만 딸과 함께 비행기를 탈 때는 삼등석을 타곤 한다. 왜일까? "아이들이 배워야 할 것은 편안함이 아니라 역경이다"라는 생각 때문이란다. 아무리 어려운 때에도 그는 마음속으로 이런 생각을 한다고 한다. "오늘 최선을 다해 내일이 오늘보다 더 낫게 살자. 오늘 하루 1달러를 저축하면 내일은 오늘보다 1달러가 더 많은 것이다. 오늘 영어 단어 하나를 더 외우면 내일 영어 단어 하나를 더 알게 될 것이다. 아무리 힘들어도 항상 즐거운 마음을 갖자. 왜냐하면 내일이 오늘보다 더 나아질 것이기에."

입술에 묻은 은혜로운 말을 분별하라

사탄의 유혹에 빠진 아담 이래로 인간의 타락은 치명적이다. 전적으로 부패했다. 완전히 오염되었다. 더는 구제불능이다 싶을 정도로. 인류의 타락과 오염을 단적으로 보여주는 게 바로 입술이다. 입에서 나오는 말을 보면 인간이 얼마나 소망을 잃게 되었는지를 잘 보여준다. "그들의 목구멍은 열린 무덤이요 그 혀로는 속임을 일삼으며 그 입술에는 독사의 독이 있고 그 입에는 저주와 악독이 가득하고"(롬 3:13-14).

이런 인류를 바라볼 때 의인은 없나니 하나도 없다. 입이 가진 습관을 보라. 그러면 우리가 얼마나 악한지를 실감하게 되리라. 우리는 입으로 들어가는 것이 더럽다고 생각한다. 실로 그렇다. 혹시 음식에 머리카락이라도 하나 들어 있으면 먹기가 싫어진다. 먼지가 조금만 묻어도 대단한 병이라도 생기는 양 야단법석이다.

그런데 예수님은 입으로 들어가는 것보다 입에서 나오는 것이 더 더럽다고 말씀하신다. 부패한 마음에서 나오는 말이 얼마나 악독한지 모른다. 그래서 필요한 것이 있다. 마땅히 할 말을 성령이 가르쳐주시는 은혜이다. "마땅히 할 말을 성령이 곧 그때에 너희에게 가르치시리라 하시니라"(눅 12:12). 마음에 가득한 것을 입으로 말하니 우리 마음에 선한 것으로 가득 채워야 한다. "선한 사람은 마음에 쌓은 선에서 선을 내고 악한 자는 그 쌓은 악에서 악을 내나니 이는 마음에 가득한 것을 입으로 말함이니라"(눅 6:45). 예수님의 입에서 나오는 은혜로운 말씀을 들었듯이 우리 주변에 있는 사람들이 우리 입에서 나오는 은혜로운 말을 들을 수 있어야 한다.

그러기 위해서는 오염된 말과 은혜로운 말을 분별해야 한다. 입에서 나오는 말이라고 다 말이 아니다. 말 같아야 말이다. 우리 입에서 악독한 말이 나온다면, 거짓말이 나온다면, 사악한 말이 나온다면 어찌 작은 예수라 하겠는가? 이곳에서는 이렇게 말하고, 저곳에 가서는 저렇게 말해서 가까운 사람을 이간질하는 사람, 불리하다 싶으면 적절하게 거짓말을 능수능란하게 둘러대는 사람, 들은 말을 함구하지 못하고 여기저기 옮기고 다니는 사람, 없는 일을 있는 것처럼 지어내는 사람, 말을 부풀리고 과장해서 말하는 사람, 다른 사람의 약점과 허물을 덮어주지 않고 여기저기 떠벌리고 다니는 사람, 다른 사람의 사정도 다 알지 못하면서 함부로 판단하고 말하는 사람, 이들 모두 자기도 모르는 사이에 사탄의 조종을 받고 있음을 잊지 말아야 한다.

그리스도인은 입에 재갈을 물려야 한다. 필요하다면 자물쇠를 잠가야 한다. 성령으로 파수꾼을 세워서 단속해야 한다. 공동체가 건강하기 위해서는 반드시 입 단속반이 필요하다. 감당하지 못할 말을 쏟아놓고 후회하는 사람들이 있다. 침묵이 금이라는 말을 잊지 말아야 한다. 말이 많은 사람은 실수하기 쉽다. 그러나 침묵할 줄 아는 사람은 실제와 상관없이 지혜로워 보인다.

하고 싶은 말이라고 다 해서는 안 된다. 예수님은 억울한 일이 많으셨다. 그러나 도살장에 끌려가는 양같이 잠잠하셨다. 요셉은 보디발에게 할 말이 많았다. 안주인의 행실에 대해서 고발하고 싶은 말이 많았다. 그러나 잠잠했다. 옥에 갇히면서도. 때때로 억울하더라도 하고 싶은 말을 참아야 한다. 바보 같다고 해도 괜찮다. 시간은 진실과 거짓을 드러낸다. 정의와 불의를 드러낸다. 내가 다 밝히려고 할 필요는 없다. 때로는 시간 앞에 맡길 줄도 알아야 한다. 하나님이 친히 재판하시도록.

가끔 자기 말만 하는 사람을 본다. 다른 사람의 말에 귀를 기울이지 않는다. 모든 것을 자기 생각대로 판단하고 결정을 내리려고 한다. 창조자가 하나의 입을 주시고 두 개의 귀를 주신 데는 이유가 있다. 말하기보다 많이 들으라는 뜻이다. 말하기보다 듣기를 두 배로 해야 한다. 말을 하다 보면 말하는 사람의 마음을 전혀 생각하지 않고 섣불리 판단하고 충고하려 드는 사람이 있다. 그런 사람은 충고를 받기 위해 말을 꺼내는 게 아니다. 자기 아픈 마음을 이해해 달라는 것이다. 그 안에 속상한 마음을 공감해 달라는 것이다. 그런데 매사에 가르치려 든다. 그다음부터는 그 사람과 이야기를 섞으려 하지 않게 된다.

얼마 전, 일주일 동안 서울 근교에 있는 기도원에서 기도한 적이 있다. 그 주간에 공휴일이 있어서 학생들이 오기도 했다. 학생들이 수돗가에서 씻는 중이었다. 한 아이가 물을 끼얹은 모양이다. 잠시 후 "미친놈아!"라고 하는 고함이 들렸다. 아무리 장난이라 해도 기도원에서는 듣기가 거북했다. 아니, 어디서라도 친구 간에 그런 표현을 해서는 안 된다. 요즘 학생들이 하는 말이 너무 거칠어서 신경 쓰인다. 신경질적으로 내뱉는 거친 말을 들으면 앞날이 캄캄하다.

화가 난다고 함부로 말하는 사람을 보면 왜 저럴까 하는 생각이 든다. 감정을 주체하지 못해서 극단적인 말을 내뱉는 사람을 보면 아직 저 정도밖에 안 되는 걸까 하는 안타까움이 생긴다. 말은 한 사람의 인격이자 영성이다. 말의 성숙함이 필요하다. 비난하고 험담하기를 좋아하는 사람이 있다. 그런데 말은 부메랑임을 기억해야 한다. 반드시 자신에게로 돌아온다. 돌아올 때는 더 큰 것으로 돌아온다. 함부로 비난하기 전에 자신은 비난받지 않을 정도로 의로운지를 점검해야 한다. 아니, 자기는 그보다 더한 존재인 것을 잊지 말아야 한다. 자기 눈에 있는 들보를 보면 도저히 남의 눈에 티를 비난할 수 없다. 그래서 미국의 공학기술자 헨리 포드가 지혜로운 충고를 한다. "실수를 찾지 마십시오. 대신에 해결방안을 모색하십시오."

수많은 인파가 쏟아져 나오는 여의도의 어느 저녁 퇴근길, 한 남자가 퇴근하고 있는 두 사람에게 다가가 무자비하게 칼을 휘둘렀다. 얼굴과 목, 배 부위를 흉기로 수차례 찌르고 도망쳤다. 흉기에 찔린 사람은 바로 옛 직장 상사와 동료 여직원이었다. 범인은 도망치다가 길에서 마주친 행인에게도 무차별적으로 흉기를 휘둘렀다. 짧은 시간이지만 광란의 순간이었다. 삽시간에 여의도 퇴근길은 피로 얼룩졌다.

왜 이런 사건이 일어난 걸까? 믿었던 직장 동료들이 자신을 비난하고 험담하는 것을 도저히 참을 수가 없었다. 직장 동료들의 비난 때문에 받은 스트레스가 결국 이런 사건을 불러온 것이다. 아무렇지 않게 내뱉는 뒷담화의 후한을 누가 질 것인가? "낮말은 새가 듣고 밤말은 쥐가 듣는다"는 옛말을 잊지 말았으면 한다.

은혜로운
거룩한 습관을
들이라

CHAPTER 7

사탄에게 습관의 틈을
제공하지 말라

채소밭에 한 마리 까치가 종종걸음으로 다니고 있다. 지금까지 보지 못한 손바닥만한 아주 귀엽고 예쁜 까치다. 채소밭 여기저기를 분주하게 다닌다. 채소밭에서 먹을 것을 구하는 중이다. 그러나 까치가 부지런히 활동하는 게 농부에게는 아픔이리라.

습관이란 마치 이와 같은 게 아닐까? 편하고 좋은 것일 수 있다. 너무 익숙하니까. 그런데 잘못된 습관은 위험하다. 그러기에 경건하게 살고자 하는 사람은 죄의 습관으로 흘러가는 경향을 작은 것에서부터 차단해야 한다. 작은 틈일지라도 원천적으로 봉쇄해야 한다.

우리는 여기저기서 쏠림현상을 본다. 대형마트로의 쏠림 때문에 구멍가게가 죽어간다. 대형 교회로의 쏠림 때문에 작은 교회가 울고 있다. 그래서 작은 교회 살리기 운동이 일어나고 있다. 그런데 또 다른 쏠림 현상이 있다는 사실을 알고 있는가?

죄의 영향권 아래 있는 인간, 그는 죄로의 쏠림 현상이 있다. 타락한 본성을 가진 인간의 몸은 육체의 소욕과 성령의 소욕 사이에 갈등하고 있다. 누구나 느끼는 일이지만 악으로의 쏠림, 죄로의 쏠림을 간과해서는 안 된다. 쏠림을 거부할 수 있는 위대한 결단이 필요하다. 그렇지 않고는 죄의 영향권에서 벗어날 수 없다.

작은 것, 하찮은 것부터 차단하라

청계산 입구에서 밥을 먹고 기도원으로 올라가는 길이다. 커피 한 잔을 뽑아 마시면서 걸어갔다. 기도원까지 가는 길에 얼마나 많은 쓰레기가 버려졌는지 모른다. 종이컵, 비닐봉지, 캔, 크고 작은 병 등. 쓰레기를 버린 사람들은 생각했으리라. '나 하나쯤이야.' '이것쯤이야 아무런 영향이 없어.' '이까짓 걸 갖고 뭘 그래.' 그런데 그 길은 너무 지저분했다. 길이야 그렇다 치자. 기도원을 들어섰는데 다를 바가 없었다. 종이컵이 화초 가운데 버려져 있고, 길가에 지저분한 비닐봉지들이 널부러져 있었다. 작은 것이 작은 게 아니다. 작은 것이 하나둘 모여 큰 것을 만든다. 시냇물이 모여 강을 이루고 강물이 모여 바다를 이루는 것처럼.

영국의 시인 윌리엄 브레이크는 노래했다. "한 알의 모래 속에 세계를 보며 한송이 들꽃에서 천국을 본다. 그대 손바닥 위에 무한을 쥐고 한순간 속에 영원을 보라." 미국의 사상가이자 시인 에머슨은 말한다. "수천 그루의 나무로 울창해진 숲도 한 톨의 도토리로부터 비롯된 것이다." 작은 씨앗 속에 담긴 위대한 신비를 볼 수 있어야 한다. 보이지 않는 차이를 만들어내는 것은 작은 것이다. 그런데 보이지 않는 차이가 결국은 큰 차이를 만들어낸다.

너무 큰 것만 탐내는 사람들에게 마더 테레사 수녀는 충고한다. "나는 절대 대중을 구원하려고 하지 않는다. 다만 나는 한 개인을 바라볼 뿐이다. 나는 한 번에 단지 한 사람만을 사랑할 수 있다. 한 번에 단지 한 사람만을 껴안을 수 있다. 단지 한 사람, 한 사람, 한 사람씩만… 따라서 당신도 시작하고 나도 시작하는 것이다. 나는 한 사람을 붙잡는다. 만일 내가 그 사람을 붙잡지 않았다면 나는 4만 2천 명을 붙잡지 못했을 것이다. 모든 노력은 단지 바다에 붓는 한 방울의 물과 같다. 하지만 만일 내가 그 한 방울의 물을 붓지 않았다면 바다는 그 한 방울만큼 줄어들었을 것이다. 당신에게도 마찬가지다. 당신의 가족에게도, 당신이 다니는 교회에서도 마찬가지다. 단지 시작하는 것이다. 한 번에 한 사람씩." 그래서 누군가 말한다. "나쁜 습관은 세월이라는 망망대해에서 서서히 배를 침몰시키는 작은 구멍과도 같다. 하지만 좋은 습관은 배를 앞으로 나아가게 하는 돛과 같다."

운전하는 이들이 기억해야 할 습관이 있다. 교통신호를 기다릴 때마다 자동차 변속기를 중립(N)으로 두는 습관이다. 그러면 한 달에 2만 원 가까운 기름 값을 아낄 수 있단다. 괜찮은 일 아닌가?

미국 신문의 인기 있는 상담자인 아비 박사에게 15세의 어떤 소녀가 편지를 썼다.

"나는 불행합니다. 나는 독방도 없고, 부모님의 간섭은 심하며, 부모님은 나를 믿어주지도 않습니다. 나를 좋아해주는 남자도 없고, 좋은 옷도 없습니다. 나의 미래는 암담합니다."

열세 살의 한 소녀가 신문에서 이 글을 읽었다. 그는 신문사에 이런 글을 투고했다.

"나는 걷지 못하는 소녀입니다. 사람이 보고 말하고 걷는 것이 얼마나 큰 행복입니까? 나는 걷지 못하지만 보고 듣고 말하는 것으로 내 다리의 불행을 대신 감사하고 있습니다."

감사하는 것도 습관이고 불평하는 것도 습관이다. 작은 것에도 감사하는 습관을 지닌 사람은 '절대 감사'를 할 수 있다. 그러나 작은 것에 감사하지 못하는 사람은 평생 불평하며 살게 된다. 감사나 불평은 환경에서 나오는 게 아니다. 자신의 마음과 영혼 깊숙한 곳에서 나오는 것이다. 병든 마음에서는 불평이 습관화된다. 그러나 건강한 마음에서는 감사가 습관화된다.

죄에 대해서는 방심이 금물이다. 작은 죄를 너그럽게 허용하면 머지않아 감당할 수 없는 죄 짐이 자신을 짓누를 것이다. '이것쯤이야' 하는 생각으로 허용하는 악이 눈덩이처럼 불어나 자신의 영혼을 파멸시킨다.

사탄의 전략은 작은 것에서 시작한다.

"이렇게 하찮은 것 가지고 뭘 그래?"

"딱 한 번이야!"

사탄은 우리 마음 밭에 작은 것을 하찮게 여기는 씨앗을 뿌린다. 처음에는 표시도 나지 않는다. 아무런 느낌도 없다. 그런데 얼마 있지 않아서 익숙해진다. 자신도 모르는 사이에 친해져버린다. 집에 들어설 때 어떤 냄새를 느낄 때가 있는가? 어떻게 하는가? 창문을 열고 환기를 시키는가? 만약 그렇게 하지 않는다면 어떻게 되는가? 얼마 있지 않아서 그 냄새에 익숙해진다. 잠시 후 냄새가 난다는 사실조차 모른다.

이성 간에 손을 잡으면 안고 싶다. 안으면 입술을 맞추고 싶다. 입술을 맞추다 보면 몸을 더듬고 싶어진다. 몸을 더듬다 보면 함께 잠자리를 하고 싶다. 이 유혹을 누가 아니라고 말할 것인가? 유혹은 그렇게 흘러간다. 양심도 그렇다. 작은 것을 허용하다 보면 잘못을 하고서도 느낌이 없어진다. 다른 사람에게는 "저러면 안 되지"라고 하지만 정작 본인은 전혀 느끼지 못한다. 이미 화인 맞은 양심이 되어 감각을 잃어버렸기 때문이다. 그러기에 작은 것, 하찮은 것을 철저하게 차단해야 한다.

습관에서도 방심은 금물이다. 바늘도둑이 소도둑 된다는 말이 있다. 처음에는 별것 아니다. 그런데 머지않아 감당할 수 없는 지경에 이르게 된다. 작은 것부터 강경하게 대응해야 한다. 그렇지 않으면 습관화된다. 작은 틈새를 막아야 한다. 그렇지 않으면 둑이 무너지는 것을 막을 길이 없다.

이제 과감하게 "No!"라고 외치라!

어느 날, 한 목사님으로부터 전화가 걸려왔다.

"목사님, 이런 일이 있었다며?"

"글쎄요?"

"어느 분이 그러던데?"

"전 모르는 일이에요."

전혀 모르는 일이었다. 그런데 어느 분이 전해준 말에 의하면 나는 하지 않은 행동을 한 꼴이 되고 말았다. 습관이란 무섭다. 거짓말하는 습관이 몸에 배면 없는 일을 만들어내는 능력을 갖추게 된다. 그러기에 잘못된 습관은 처음부터 강경하게 대처해야 한다.

능숙하게 말을 왜곡시키는 사람들이 있다. 말이란 이상하다. 어떤 사람에게서 듣느냐에 따라 사실이 전혀 달라진다. 이 사람에게서 들으면 하얀색인데, 저 사람에게서 들으면 검은색일 수 있다. 사실은 변함이 없다. 그러나 말하는 사람에 의해 색깔이 달라진다. 그래서 어떤 사람으로부터 먼저 정보를 전해 듣느냐에 따라 해석하는 게 전혀 달라진다. 그러니 지혜로운 사람은 양쪽 말을 다 듣기 전에는 함부로 판단하지 않는다. 아니, 양쪽 이야기를 다 들어도 함부로 판단하기 힘들다. 왜? 서로 다른 이야기를 할 거니까.

그런데 자신은 알고 있다. 자신이 하는 말이 왜곡된 정보인지, 객관적인 정보인지를. 단지 사실을 자기 쪽으로 왜곡시키고 싶은 마음이 있을 따름이다. 그래야 자기가 유리해지니까. 그래야 자신의 부끄러운 모습이 가려지니까. 그래야 사람들이 자기편을 들어줄 테니까. 대신 상대방은 허물어질 거니까.

그런데 아는가? 그렇게 하다 보면 당신은 하나님으로부터 멀어진다. 자신에게 유리하게 해석하고 싶은 욕구가 일어날 때 "No!"라고 외쳐야 한다. 스스로에게 그렇게 외치지 못하면 하나님이 손을 댈 때가 다가온다. 그때를 두려워할 줄 알아야 한다.

어린 시절, 친구들이 맛있는 것을 사 먹는데 나는 사 먹을 돈이 없었다. 어떻게 했는지 아는가? 나보다 네 살 많은 형이 하는 짓을 자주 보았다. 아니, 나는 눈감아주었다. 왜? 나도 그 혜택을 누렸으니까. 무슨 일을 했느냐고? 복숭아를 사 먹기 위해 창고에 있는 보리쌀을 몰래 훔쳤다. 만화를 빌려 보기 위해 콩을 훔쳤다. 맛있는 과자를 사 먹기 위해 깨를 훔쳤다. 해 질 녘 소죽을 끓이면서 숨겨 놓았다가 저녁이 되면 몰래 가지고 가서 팔았다. 부끄러운 일이지만 나는 형이 하는 짓을 눈감아주었기 때문에 사실은 공범이다. 물론 남의 것이 아니고 우리 집의 것이다. 절대 남의 것을 그렇게 한 적은 없다.

교회나 직장에서 험담을 좋아하는 사람이 있기 마련이다. 다른 사람을 헐뜯어서 얻을 건 아무것도 없다. 그런데 그렇게 할 때가 있다. 왜? 그 사람만 보면 화가 나니까, 꼴도 보기 싫으니까, 감정을 상하게 했던 일이 있기 때문에. 여러 사람이 모인 곳이면 그 사람의 흠집을 들추고 싶다. 그 사람이 한 실수를 드러내서 흉보고 싶다. 물론 얼마나 잘못된 일인지 다 알고 있다. 그 결과가 어떨지도 다 알고 있다. 그러나 그냥 그 사람이 싫으니까, 그 사람이 다른 사람들에게 짓밟혔으면 좋겠으니까 기회만 있으면 그 사람을 헐뜯는다.

그러나 하나님의 사람이여, 알고 있는가? 그때 "No!"라고 강경하게 맞서야 함을. 자신의 영혼이 순수해지기 위해, 주님과의 깊은 교제를 잃어버리지 않기 위해. 자기감정의 노예가 될 것인지, 빛의 자녀의 길을 걸을 것인지를 결단해야 한다.

직장생활을 하다 보면 자신이 하고 싶은 말을 다른 사람을 빗대어 주절주절 늘어놓는 사람이 있다. 상대방이 듣기 싫은 말, 듣기 거북한 말, 곤란한 말, 상처받을 말을 "어떤 사람이 그러는데…"라고 하면서 이것저것 말한다. 그런데 사실 상대방은 다 알고 있다. '자기가 하고 싶은 말을 하고 있구나.' 차라리 다른 사람을 끌어들이지 말고 "내가 생각하기에는…"이라고 하면서 정중하게 말하는 게 진정성 있지 않은가?

욕하고 험담하는 사람들 틈바구니에서 듣고 맞장구를 치고 있는 이들이여, 언제까지 그렇게 할 것인가? 그렇게 함으로써 그 사람을 저 깊은 어둠으로 몰아가고 있음을 모르는가? 당신 역시 어둠 가운데 걸어가고 있음을 모르는가? 당신은 그렇게 하지 않았을지라도 이미 공범이 된 것을. 이제 과감하게 "No!"라고 손사래를 쳐라.

외로워서 만난 사람, 심심해서 만난 사람, 배우자로부터 상처받고 매력을 잃어서 어쩌다가 만난 사람이 있다. 그러나 그 사람과의 만남이 자신의 삶에 던져줄 파장이 어떤지를 아는가? 크리스천들이 다른 교회 크리스천들과 밀회를 한다는 말을 가끔 듣는다. 한 교회 안에서 부서를 섬기는 지체와 교제한다는 말을 듣기도 한다. 이유야 어쨌든 해서는 안 될 일이다. 물론 기혼자들을 말하는 것이다.

우리는 결혼을 하면서 약속했다. 죽음이 갈라놓을 때까지 한 몸으로 살아가겠노라고. 그 약속은 두 사람, 두 집안, 그리고 허다한 증인들 앞에서 한 게 아니다. 하나님 앞에서 한 언약이다. 죽음을 두고 한 언약이다. 그런데 어떻게 하나님이 맺어준 배우자를 두고 다른 사람을 넘볼 수 있단 말인가?

우리는 순수하다고? 넘지 말아야 할 선은 절대 넘지 않았다고? 스스로 속지 말자. 이미 넘지 말아야 할 선을 넘지 않았는가? 마음에라도 품지 말아야 할 생각인데. 왜 하나님의 법이 외치는데도 듣지 않는가? 왜 성령이 탄식하시는데 멈추지 않는가? "No!"라고 과감히 외치라!

"이 정도야 어때? 팔레스타인에서는 포도주를 마시잖아? 외국에서는 아무렇지 않게 마시는데 유독 한국에서만 왜 그래?" 무슨 말을 하는지 감잡았을 것이다. 술 문화 앞에 서는 크리스천 직장인의 고뇌이다. 직장인의 고뇌를 왜 모르랴? 캠퍼스 낭만을 즐기고 싶은 마음을 왜 모르랴? 그래도 선은 있다. 지켜야 할 것은 지켜야 한다. 편리를 위해 타협하다 보면 그 끝은 보이지 않는다. 이제 외쳐야 한다. "No!"라고. 다니엘이 그랬던 것처럼!

"No!"라고 외친 후에 오는 영적인 통쾌함을 아직 모르는가? 그렇다면 당신은 신앙을 위한 결단을 해보지 않은 사람이다. 남자라면 군대에서 해봤을 것이다. 선배가 얼차려를 주는데도 술잔 앞에서 "No!"라고 외친 것을, 머리에다가 술을 붓는데도 믿음의 정조를

지키기 위해 술잔을 거부했던 것을. 그런 결단 없이는 믿음의 용장
이 될 수 없다.

아무도 없는 거기에서 거룩하라

어느 날, 한 제자가 스승에게 불평했다.

"스승님, 외람된 말씀입니다만 스승님은 한 사람만을
편애하시는 듯합니다."

스승은 대답했다.

"그렇게 느꼈다니 다행이로구나."

스승은 모든 제자를 불렀다. 그리고 각자에게 비둘기를 한 마리
씩 주면서 말했다.

"모두 이 비둘기를 가지고 내가 볼 수 없는 먼 곳에 가서 죽이고
땅에 묻고 오도록 하여라."

한참 후에 모든 제자가 빈손으로 왔다. 그런데 유독 한 제자만은
비둘기를 죽이지 않고 가지고 왔다.

제자들을 모은 후 스승은 그 제자에게 이유를 물었다.

"너는 왜 비둘기를 죽이지 않고 그냥 가지고 왔느냐?"

그 제자가 대답했다.

"예, 스승님이 볼 수 없는 곳으로 가서 죽이라고 하셨으나 아무리 찾아봐도 그런 곳은 없었습니다. 스승님의 모습과 스승님의 모든 가르침은 항상 그림자처럼 저와 함께하고 있기 때문입니다."

운전을 할 때 어떻게 하는가? 요즘이야 내비게이션이 있어서 너무 편리해졌다(?). 그러나 예전에는 교통경찰이 볼까봐 늘 조심해야 했다. 요즘은 어떤가? 신나게 달리다가도 무인카메라가 있는 곳이 다가오면 요란한 소리가 울려준다. 그래서 갑자기 속도를 줄인다. 벌금내기 싫어서, 벌점 때문에.

요즘 범죄를 막으려고 무인카메라를 확대하고 있다. 나는 개인적으로 찬성하는 편이다. 정부 재정이 많이 들어서 좀 걸리기는 하지만. 그런데 반대하는 사람도 적지 않단다. 왜? 사생활침범 때문에. 난 생각해본다. 카메라가 두려워서 하지 못할 일이면 안 하면 안 될까? 남들이 들을까 봐, 남들이 볼까 봐 쉬쉬하면서 비밀리에 다른 사람 이야기를 하는 사람이 있다. "자기만 알고 있어"라며 한 말이라면 차라리 하지 말아야 한다. 공개적으로 하지 못할 말이라면 차라리 안 하는 게 낫다.

무슨 비밀이 그렇게 많은가? 뭐가 그렇게 두려운가? 염려되면 하지 않으면 된다. 우리 그리스도인은 더욱더 그렇다. 하나님의 눈은 사방을 다 살피신다. 우리가 하나님의 눈을 피해 어디로 도망가려 해도 하나님은 다 살피신다. 하나님의 눈을 피하려는 건 두 곳만 가리고 벌거벗고 다니는 여인과 같다.

다윗이 밧세바와의 불륜 행각을 숨기려고 더 큰 죄악을 연발했다. 그러나 하나님의 눈은 속일 수 없음을 왜 몰랐을까? 하나님의 레이더망에 포착되지 않는 곳이 어디에 있다고. 일찍이 하나님의 사람 요셉은 이 사실을 잘 알고 있었다. 그래서 안주인이 요셉을 집요하게 유혹하는데도 끝까지 뿌리치고 도망쳤다. 사실 얼마나 정욕이 끓어오르는 나이였겠는가? 요셉은 보이는 주인을 배신하는 것도 있을 수 없는 일이었지만 보이지 않는 하나님 앞에 죄를 범한다는 건 더욱 있을 수 없다고 말했다. 바로 이게 믿음이다. 보이지 않는 하나님이 모든 것을 다 보고 계신다는 믿음.

다니엘도 그렇게 살았다. 그래서 다니엘의 목숨을 노리는 대적들이 다니엘의 흠을 찾아내려고 애쓸 때 다니엘에게서 아무런 허물도 찾아낼 수 없었다. "이에 총리들과 고관들이 국사에 대하여 다니엘을 고발할 근거를 찾고자 하였으나 아무 근거, 아무 허물도 찾지 못하였으니 이는 그가 충성되어 아무 그릇됨도 없고 아무 허물도 없음이었더라"(단 6:4). 이 얼마나 멋진가?

그렇다. 한 사람의 인격이나 사람됨은 홀로 있을 때 나타난다. 사람들 앞에서야 누가 거룩하지 않으랴? 누가 진실하지 않으랴? 모두 정직하게 살려고 노력한다. 다른 사람이 보는 앞에서도 공개적으로 거짓을 일삼고 악한 모습으로 산다면 그는 구제 불능의 인간이리라. 문제는 사람들의 눈이 없을 때이다. 아무도 보는 이 없는 상황이다. 혼자 있을 때 어떻게 행동하는가가 중요하다.

신독(愼獨)이라는 단어가 있다. 다른 사람이 보거나 듣는 사람이 없는 곳에 혼자 있는 때에도 도리에 어긋나는 행동이나 생각을 하지 않는 마음과 태도를 가리킨다. 미국 시카고에 윌로우크릭교회를 담임하는 빌 하이벨스 목사는 그의 저서 「아무도 보는 이 없는 때 당신은 누구인가?」에서 인격을 '아무도 보는 이 없을 때 우리가 하는 행동'으로 정의한다. 아무도 보는 이가 없어도 하나님은 보고 계신다. 그걸 잊지 말아야 한다. 그래서 그리스도인은 코람 데오, 즉 하나님의 얼굴 앞에서 살려고 애써야 한다. 면전신앙으로 사는 사람은 사람들의 눈이 없다고 함부로 행동하지 않는다.

프랑스가 낳은 위대한 영성가 성 버나드는 이렇게 말했다. "예수님이 문을 열고 들어오신다든지 걸어오시는 것은 못 봤어도 예수님은 항상 내 곁에 계셨다." 감리교를 창설한 요한 웨슬리는 항상 빈 의자를 곁에 놔두고 살았다. 그리고 늘 말했다. "이 의자는 예수님의 자리입니다." 미국의 로버트 슐러 목사도 회의할 때마다 가운데 자리를 비어두었다고 한다. 예수님이 회의를 주재하시도록 한다는 의미에서. 아무도 보는 이 없어도 일상생활에서 하나님이 함께 하심을 믿고 살아가는 게 바로 그리스도인이다.

사탄은 숨김이라는 덫을 놓는다. 사람들은 그것도 모른 채 은밀하게 숨기려 한다. 그러나 알고 있는가? 영원한 비밀은 없다는 사실을. 더구나 영적인 세계에서는 더욱더 그렇다. 아주 사소하고 미세한 것도 숨길 수 없다. 아예 숨기려는 유혹에 속지 말아야 한다. 사탄은 편리하게 가면을 쓰라고 유혹한다. 이중적으로 말하고 행동하면 사람들이 모를 테니까. 그런데 사람의 눈은 속일 수 있어도 하나님의 불꽃같은 눈은 속일 수 없지 않은가? 언젠가 우리의 민낯과 부끄러운 실체는 다 드러나고 말 것이다. 그러기에 아무도 없는 거기에서도 늘 하나님의 임재의식 속에 살아가야 한다.

내가 먹이를 주는 습관이 이긴다

지난겨울이었다. 언젠가 우리 집 지하 주차장에 새끼고양이 우는 소리가 났다. 두 마리의 새끼 고양이를 두고 어미 고양이는 사라졌다. 새끼 고양이들이 울고 있었다. 아내도, 아이들도 비상이다. 사실 우리 부부는 동물을 좋아하는 편이 아니다. 그런데도 불쌍해서 아내가 우유를 가져다주고 미역국을 끓여주기도 했다. 그런데 새끼고양이들은 통 먹지 않았다.

언젠가 앞집에 사는 아가씨가 고양이 우는 소리를 듣고 왔다.

"고양이들은 이런 걸 안 먹어요."

그러더니 시장에서 산 사료를 주었다. 그리고 이불을 가져다주었다. 아침저녁으로 와서 새끼고양이들을 돌봐주었다. 그런데 어느 날부터 새끼고양이들이 보이지 않았다. 누가 데리고 간 걸까? 어미 고양이가 데려간 걸까? 어쨌든 그렇게 고양이 살리기 소동은 끝이 났다.

한 체로키 인디언 노인이 손자에게 삶을 교훈하고 있었다.

"사람의 마음속에서는 늘 싸움이 일어난단다."

할아버지는 눈을 반짝이는 손자에게 말했다.

"너무 끔찍한 싸움이어서 마치 두 마리 늑대가 싸우는 것과도 같단다. 하나는 악마 같은 놈인데 분노, 질투, 슬픔, 후회, 탐욕, 교만 등을 나타낸단다. 다른 놈은 선한 놈이지. 이놈은 기쁨, 평화, 사랑, 희망 등을 나타낸단다. 이 같은 싸움은 네 안에서도 일어나고, 모든 사람의 마음에서도 일어난단다."

손자는 잠시 할아버지의 말씀을 생각하다가 물었다.

"그럼 어떤 늑대가 이기나요?"

노인은 간단하게 대답했다.

"네가 먹이를 주는 놈이 이긴단다."

식물도 심어놓고 물을 공급해주어야 한다. 인간의 마음과 영혼에도 양식이 필요하다. 세상 사람들은 마음의 양식이라고 설명할 것이다. 그리스도인은 마음과 영혼의 양식을 하나님의 은혜, 하나님의 말씀이라 설명할 것이다.

습관도 그렇다. 좋은 습관을 위해서는 양식을 계속 공급해주어야 한다. 그러나 나쁜 습관은 양식을 공급해주지 말아야 한다. 그래야 굶어 죽는다. 좋지 못한 마이너스 습관은 굶겨 죽여야 한다.

그렇다면 습관을 굶겨 죽인다는 말이 무엇인가? 습관이란 어떤 행동이 오랫동안 반복되어서 하나의 정해진 패턴이 된 것이다. 그렇다면 어떤 행동이 습관이 되지 않도록 하는 비결이 무엇인가? 반복되지 않도록 하는 것이다. 반복을 허용하지 말아야 한다는 뜻이다. 어떤 행동이든 반복하게 되면 나중에는 그것이 습관이 된다. 좋은 것은 자꾸 반복하도록 노력해야 한다. 하지만 좋지 않은 습관은 반복을 차단해야 한다. 그게 바로 습관에게 먹이를 주지 않는 것이다.

구제하는 일은 자꾸 반복해야 한다. 어떻게 해서라도 권장해야 한다. 훈련도 해야 한다. 그러나 도둑질하는 일은 반복을 허용하지 말아야 한다. 만약 자녀가 도둑질해서 발각이 되었다면 혼쭐을 내서라도 또다시 반복하지 못하도록 해야 한다. 이런저런 이유로 도벽으로 발전한 사람도 있다. 자신이 자꾸 먹이를 주었기 때문이다.

누구나 한두 번쯤 나쁜 생각을 했을 것이다. 아니, 자주 그럴 수도 있다. 그런데 좋지 않은 생각을 자꾸 허용하다 보면 나중에는 습관적으로 나쁜 것을 생각하게 된다. 심지어 좋은 생각인지, 나쁜 생각인지 분별하지 못하는 지경까지 이르게 된다. 음란 비디오를 한두 번 허용하다 보면 나중에는 스스로 찾게 된다. 양심의 법이 "안 돼!"라고 소리칠 때 빨리 멈춰야 한다. 그렇지 않고 한 번 두 번 허용하다 보면 먹이를 줘서 기르는 꼴이 된다.

잠도 적당히 자야 한다. 그런데 자는 것을 절제하지 않으면 잠에게 먹이를 제공하는 꼴이 된다. 잠은 잘수록 늘어난다. 그러기에 적절하게 절제하고 통제해야 한다. 베개를 안고 부비지 말고 벌떡 일어나야 한다. 침대에 양보하는 너그러움이 결국 멈출 수 없는 습관을 만든다.

TV에 푹 빠져서 사는 사람이 있다. 인터넷에 아예 빠져서 사는 사람도 있다. 스스로 조절해야 한다. 안 되면 주변에서라도 통제를 해줘야 한다. 다소 큰소리가 나고 부딪힘이 있더라도 더는 먹이를 주지 않도록 반복을 막아야 한다.

한때 아내가 TV에서 홈쇼핑을 즐겨봤다. 홈쇼핑을 즐겨보다 보면 하나둘 사게 된다. 홈쇼핑에서는 그 정도의 미끼를 가지고 장사를 한다. 그러니까 충동구매에 빠지지 않기 위해서는 홈쇼핑 채널을 보지 말아야 한다. 보면 어쩔 수 없이 걸려들게 되어 있다. 그래서 우리 집에도 홈쇼핑에서 산 몇 가지 물건이 있다. 물론 쓸모 있는 것도 있기는 하지만. 그래도 달갑지 않다. 그런데 언제부터 아내가 보는 TV 채널이 〈천기누설〉 프로그램으로 바뀌었다. 〈천기누설〉은 건강에 좋다는 식품을 소개하는 방송이다. 요즘은 메모까지 해가면서 건강을 챙기려 한다.

좋은 습관을 길들이는 건 권장할 일이다. 독서하는 습관은 길들여야 한다. 다른 사람을 칭찬하고 격려하는 습관은 길들일수록 좋다. 그러나 나쁜 습관이나 악한 습관은 길들이지 말아야 한다. 그런데 사람은 자신도 모르는 사이에 좋지 않은 습관에 길들여지고 있다. 스스로 먹이를 허용한다는 말이다.

내가 하는 설교를 스스로 모니터링하면서 가끔 안경을 만지고 있는 나를 발견했다. 괜히 신경이 쓰였다. 그다음부터는 그 동작을 하지 않으려 애쓰고 있다. 먹이를 주지 않아야 하기 때문이다. 나는 오른손잡이다 보니 왼손보다 오른손 제스처가 많은 것을 발견했다. 그래서 의도적으로 밸런스를 맞추려 노력하고 있다.

당신은 유익하지 않고 악한 습관에게 먹이를 제공하는가? 아니면 유익하고 좋은 습관에게 먹이를 제공하는가? 스스로 알고 있을 것이다. 모이기를 폐하는 습관에 먹이를 제공하고 있는가? 아니면 모이기를 좋아하는 습관에 먹이를 주고 있는가? 질서를 깨는 데 먹이를 제공하는가? 아니면 질서를 세우는 데 먹이를 제공하는가? 말하는 데 먹이를 주는가? 아니면 다른 사람의 말을 듣는 데 먹이를 주는가?

　예배를 드리고 기도하는 데 먹이를 주면 영혼이 살아나게 될 것이다. 내 인생을 더 나은 인생으로 만들어가려면 악한 습관에게는 먹이를 주지 않아서 굶어 죽게 해야 한다. 그러나 좋은 습관에게는 자꾸 먹이를 제공해주어야 한다. 그렇지 않으면 좋은 습관도 죽을 수가 있다.

CHAPTER 8

죄 습관을 정복할
영적 자원을 계발하라

작심삼일이라는 말이 있다. 모두가 공감하는 말이다. 그런데 희소식도 있다. 최근의 연구에 의하면 기상시간이나 식사할 때 반대쪽 손을 사용하는 등의 일상적인 습관을 바꾸는 데 필요한 횟수는 30회라고 한다. 하루에 한 번씩이라고 한다면 30일만 지나면 나의 습관을 바꿀 수 있다는 것이다. 그런데 이 30회 중 가장 힘든 부분이 처음에 시작하는 3회라고 한다. 이 3회는 모든 사람이 정말 힘들게 느끼지만 일단 그것을 참아낸다면 그 이후부터는 30회까지가 훨씬 쉬워진다고 한다.

결국 처음 3번을 하느냐 못하느냐가 나머지 30번을 할 수 있느냐

없느냐를 결정한다는 것이다. 습관을 바꾸려면 30회, 그것도 처음 3회만 신경 써서 해낸다면 삶의 습관을 평생 바꿀 수가 있다니, 희망을 가져봄직 하지 않은가? 좋지 않은 습관을 좋은 습관으로 바꾸고, 좋은 습관을 새롭게 들이기 위해 도전해서 자신의 인생을 바꾸면 어떤가?

물론 사탄은 우리로 하여금 좋지 않은 습관을 길들여서 자신이 좋아하는 길을 가도록 유혹한다. 좋지 않은 습관이 달콤하고 즐겁게 느껴지게 한다. 매력적으로 느껴지게 한다. 어쩔 수 없이 그런다고 구실거리를 마련해줄 것이다. 남들도 다 그런다고 방어벽을 쳐줄 것이다. 그래서 안심하고 가도록 할 것이다.

그런데 한 번 발을 내딛게 되면 빠져나오기 쉽지 않게 만든다. 빠져나오려고 안간 힘을 쓰는데, 그럴수록 더 깊은 수렁으로 빨려든다. 한 번 맛을 보면 입맛을 다시도록 만든다. 마치 원숭이가 맛있는 바나나를 손에 잡고 덫을 탈출하려고 하지 않는 것처럼. 우리가 죄의 수렁에서 흐느적거릴 때 사탄은 이 땅에 자기 왕국의 힘을 과시해 나간다. 그리고 왕처럼 군림한다.

그렇다면 이러한 사탄의 수작을 이겨내고 죄를 좇으려는 습관을 정복할 수 있는 길은 없을까? 물론 있다. 이제 그 지혜를 살펴보자. 그리고 죄의 습관을 이길 수 있는 영적인 자원을 계발해 나가도록 하자.

유혹에 넘어지지 않게 깨어 기도하라

　　　　인간은 대단한 것 같으면서도 나약하기 그지없는 존재이다. 그래서 성경은 질그릇과 같다고 말한다. 흙으로 만들어져서 깨어지기 쉽다. 상처받기 쉽다. 그래서 조심스레 다루지 않으면 안 된다. 더구나 이런저런 유혹 앞에서는 더욱더 그렇다.

　삼손의 실패를 보라. 강력한 힘을 가진 대적들의 창과 칼 앞에서 무너진 게 아니다. 전쟁터에서는 엄청난 괴력을 발휘하면서 승리를 장식했다. 물론 하나님의 능력으로 이긴 것이긴 하지만. 그런데 삼손을 넘어뜨린 것은 의외의 것이었다. 바로 기생 들릴라의 달콤한 유혹이었다. 집요하게 졸라대는 여인의 집요한 유혹에 무기력하게 넘어지고 말았다. 삼손은 "사탄은 대적해서 이기고 이성은 피해서 이겨야 한다"는 단순한 원리를 잊었던 것이다.

　다윗은 블레셋 장수 골리앗 앞에서 강했다. 변변한 무기도 없고 갑옷도 없었지만 단지 만군의 여호와의 이름으로 당당하게 맞섰다. 골리앗 장군의 호령도 두렵지 않았다. 더 강한 여호와의 이름을 믿었기 때문이다. 사울이 그렇게 덤벼들어도 흔들리지 않았다. 불안 때문에 하나님이 정해주신 경계선을 절대 넘어가지 않았다. 힘들수록 하나님을 더 강하게 의지했다. 광야로 도망치고 외국으로 망명을 가면서도 하나님에게 붙어 있었다. 하나님은 그런 다윗을 지키고 보호해주셨다. 죽을 위기 속에서도 안전하게 붙들어주셨다. 그런 다윗을 무너뜨린 게 무엇인가? 블레셋 군대가 아니다. 여자의 모습이었다. 그것도 신하의 아내를, 거짓말을 하고 신하를 죽이는 음모를 꾸미면서까지. 성군 다윗이 이렇게 치졸하게 무너질 줄이야!

우리가 든든히 선 때도 하나님이 지키시지 않으면 허사다. 자랑할 수 있는 사람도 없고, 자부할 수 있는 사람도 없다. 그저 하나님에게 의존해야 한다. 깨어 있지 않으면 누구나 한순간에 무너질 수 있는 연약한 존재임을 알고 하나님을 붙잡아야 한다. 예수님은 제자들에게 "유혹에 빠지지 않게 기도하라"(눅 22:40)고 말씀하신다. 우리가 기도하는 이유는 무엇인가? 하나님의 능력을 덧입기 위해서다. 하나님의 도우심을 받기 위해서다. 친밀한 교제를 통해 하나님의 마음과 뜻을 알기 위해서다.

인간은 기도하지 않으면 유혹에 넘어질 수밖에 없는 존재이다. 그러기에 우리는 무시로 기도해야 한다. 우리가 기도할 때 성령께서 도우신다. 성령은 우리의 연약함을 돕는 분이시다. 우리가 무엇을 기도해야 할지 모를 때 성령께서 우리가 간구해야 할 바를 알게 하신다. 어떻게 기도하는지 모른다고 말하지 말아야 한다. 성령께서 우리를 대신해서 간구하시니까.

예수님은 중대한 일을 결정하실 때마다 기도하셨다. 공생애 사역을 앞두고 40일 동안 금식기도를 하셨다. 결국 사탄의 유혹을 능히 이겨내셨다. 열두 제자를 세우실 때도 밤이 새도록 철야기도를 하셨다. 십자가에 달리실 것을 앞두고 겟세마네 동산에서 기름을 짜는 심정으로 기도하셨다. 결국 예수님은 "다 이루었다!"는 선언을 하심으로써 사탄을 꺾고 승리하셨다.

느헤미야는 아하수에로 왕 앞에서 중요한 대답을 하기 전에 하나님 앞에 잠시 묵도했다. 하나님의 뜻을 알기 위해서, 용기를 얻기 위해서, 지혜를 얻기 위해서. 우리 역시 그렇다. 지혜가 부족한 줄 아는 자는 후히 주시고 꾸짖지 아니하시는 하나님 앞으로 나아가 기도해야 한다. 하나님이 주시는 지혜를 얻지 않고 사탄의 유혹을 이길 재간이 없지 않은가?

하나님이 지혜를 주실 때 선과 악을 분별할 수 있다. 좋은 습관과 나쁜 습관을 분별하기 위해서는 하나님이 주시는 지혜를 얻어야 한다. 아니, 하나님이 주시는 힘을 공급받지 않고서는 사탄이 가져다주는 악한 습관에서 벗어날 수 없다. 기도를 통해 하나님의 지혜와 능력을 공급받아야 한다.

다니엘은 대적들이 모함하고 덫을 놓은 상황에서도 하나님 앞에 기도하는 것을 포기하지 않았다. 자칫 잘못하면 죽을 수 있는 절박한 상황이었다. 그런데도 무모하게 기도하는 것을 선택했다. 하나님은 그러한 다니엘의 편이 되어주셨다. 결국 다니엘은 적국에서 허다한 적수들을 제치고 총리가 되는 영광을 누렸다.

중요한 결정을 해야 할 때 하나님 앞에 먼저 기도해야 한다. 중요한 기로에 서서도 기도하지 않는 그리스도인은 교만한 사람이다. 하나님이 필요 없다고 하는 사람이다. 중요한 선택을 해야 할 때 사람의 소리를 듣는 일보다 하나님의 소리를 듣는 것이 더 우선이다.

기도는 자신의 상황을 바라보지 않고 하나님을 바라보는 것이다. 기도는 자신의 능력이나 지식을 바라보지 않고 하나님을 바라보는 것이다. 자신에게 집중하는 사람은 자신의 수준만큼 문제를 해결할 것이다. 그러나 하나님께 집중하는 사람은 하나님의 수준만큼 문제를 해결할 것이다.

기도하지 않고 잠에 취해 있던 제자들은 오합지졸이 되고 말았다. 추풍낙엽처럼 사탄에게 무릎 꿇고 말았다. 베드로는 예수님을 부인하고 저주했다. 그것도 여종 앞에서, 세 번씩이나. 예수님에게서 그렇게 신임을 받았던 가룟 유다는 종교지도자들과 결탁하고 로마 병사들과 짜고서 음흉하게 예수님을 배반했다. 사탄이 그 마음속에 들어오는 것을 막지도 못했다. 다른 제자들 역시 십자가를 지기 위해 죽음으로 나아가는 예수님으로부터 도망치기 바빴다. 깨어서 기도하지 못한 결과가 어떤 것인지를 잘 보여주지 않는가? 기도하지 않고는 사탄을 이길 재간이 없다.

기도할 때 하나님의 뜻을 발견하게 된다. 사탄을 대적할 능력을 입을 수 있다. 하나님으로부터 힘과 용기를 얻을 수 있다. 하나님이 원하시는 것을 알고, 하나님의 뜻을 분별하게 된다. 그러니 잔머리 굴리며 고민하는 것보다 기도하는 게 훨씬 더 중요하다.

나는 신학공부를 결정할 때 한 달 동안 시간을 정해놓고 작정기도를 들어갔다. 밤 12시에 성전에 엎드렸다. 하나님이 주시는 음성을 듣고 그분의 뜻을 찾기 위해서다. 한 달이 채 안 되었을 때 하나님은 마음에 열망과 확신을 주셨고, 다음 해에 신학대학원을 진학해서 지금까지 목회길을 걸어오고 있다. 아내와 결혼을 하기 전에 우리 부부는 교제를 두고서 서로 기도했다. 아내는 아내대로 금식기도를 하고, 나는 기도원에 들어가서 하나님의 뜻을 구했다. 기도를 마쳤을 때 주님은 두 사람의 마음에 확신을 주셨고, 3년간의 교제 끝에 결혼해서 행복하게 잘 살고 있다.

나는 목회를 하면서도 어려운 문제에 봉착하거나 중요한 결정을 내려야 할 때는 일주일 동안 기도원에 들어간다. 하나님께 상담을 구하며 하나님의 음성을 듣기 위해서다. 하나님의 뜻을 발견하기 위해서다. 하나님이 주시는 마음을 갖기 위해서다. 그 후에 움직인다. 함부로 섣불리 움직이는 것보다 그게 훨씬 더 효율적이다. 하나님의 사람은 하나님의 승낙이 떨어지지 않으면 움직여서는 안 된다. 하나님의 승낙이 떨어진 후에 움직여도 늦지 않다.

다윗의 장점이 바로 이것이었다. "하나님, 이 전쟁을 할까요? 말까요?" 사람과는 밀고 당기기를 할 수 있다. 그러나 하나님과는 밀고 당기기를 해서는 안 된다. 오롯이 하나님의 뜻만 기다려야 한다. 하나님의 허락이 떨어지면 환경과 상관없이 신속히 움직여야 한다.

성령의 검으로 영적 무장을 하라

사도 바울은 에베소교회 성도들에게 어둠의 권세 잡은 자들과 영적 전쟁을 하라고 권고한다. 그때 필요한 게 있는데 바로 영적 무장이다. "성령의 검 곧 하나님의 말씀을 가지라"(엡 6:17). 하나님의 말씀은 공격용 무기이다. 사탄이 유혹할 때 성도는 공격용 무기인 하나님의 말씀으로 강경하게 대적해야 한다. 하나님의 말씀으로 어둠을 물리쳐야 한다. 그러니까 그리스도인은 하나님의 말씀에 능해야 한다.

사탄이란 놈은 용감무쌍하게 예수님에게도 도전장을 던졌다. 공생애 사역에 들어가기 전, 예수님은 유대광야에서 40일 동안 금식기도로써 준비하셨다. 하나님과의 깊은 교제의 시간이었다. 금식이 끝날 쯤에 사탄이 다가왔다. 그리고 회심의 미소를 지으며 유혹했다. 구미가 당기는 미끼를 던졌다. 배고픔이라는 현실적인 문제를 건드리며 유혹했다. 정말로 하나님의 아들이라면 아들의 권세를 한 번 활용해 보라고 유혹했다. 천하만국과 그 영광을 다 줄 테니 자신을 경배하라고 유혹했다. 그때 예수님은 구약에 기록된 하나님의 말씀을 제시하면서 사탄의 유혹을 하나하나 물리치셨다. 기록된 하나님의 말씀이 유혹을 어기는 비결이었다.

부부가 살다 보면 서로 마음이 맞지 않아 갈등할 때도 있다. 더구나 사탄은 주일 아침에 예배드리러 오는 길에 갈등상황을 조장한다. 서로 얼굴을 붉히고 교회에 와서 앉아 있으니 마음이 편할 리 없다. 그때 하나님의 말씀에 귀를 기울여보라. 하나님이 하나님의 종을 통해 말씀을 주실 것이다.

아주 순종적인 집사님이 있다. 그런데 어느 때부터인가 남편이 너무 싫어졌다. 남편에게 거칠고 불친절한 말을 한마디씩 내뱉었다. 남편 역시 똑같았다. 그러다 보니 고무줄 당기기 하듯 팽팽하게 맞섰다. 얼굴조차 보기 싫어졌다. 남편을 향한 미움은 아이들에게로 불똥이 튀었다.

어느 주일이었다. 나는 감사에 대해 설교를 했다.

"그리스의 후기 스토아 철학자인 에픽테토스는 '지혜로운 사람은 없는 것으로 아파하지 않으며 가지고 있는 것으로 기뻐합니다'라고 말합니다. 그렇습니다. 없는 것으로 아파하지 마세요. 넉넉하지는 않을지라도 현재 가진 것에 기뻐하고 감사하는 지혜로운 자가 되세요. 배우자의 존재 자체를 감사하세요. 자녀가 곁에 있다는 사실에 감사하세요."

그 말씀을 들은 집사님은 이렇게 말했다.

"목사님이 제 속을 훤히 들여다보고 계신 것 같아서 너무 부끄러웠어요. 이제 제가 가야 할 길을 알겠어요. 제 자리를 찾아가려고요."

그렇다. 하나님의 말씀이야말로 우리의 실체를 보여준다. 그릇된 길을 발견하게 한다. 가던 길을 돌아가게 한다. 마이너스 습관을 막는다. 죄로 치달을 수 있는 어리석음의 문을 닫아버린다.

요즘 아이들을 양육하는 일은 이만저만 어려운 게 아니다. 자기주장이 얼마나 센지, 하고 싶은 것은 얼마나 많은지, 하라는 공부는 안 하고 인터넷을 하고 있으니 복장이 터진다. 가족의 얼굴은 안 쳐다보고 스마트폰만 쳐다보고 있다. 사춘기라도 될 양이면 건드리지 못한다. 얼마나 신경질적인지, 침묵시위를 할 때면 속이 터진다. 더구나 대학준비를 하는 자녀의 뒷바라지는 얼마나 어려운가? 아버지의 경제력도, 어머니의 정보력도 없는 이로서는 더욱더 그렇다.

그때는 하나님의 말씀으로 돌아가는 수밖에 없다. 자녀를 노엽게 하지 말아야 한다. 자칫 사랑의 매가 분노 폭발의 도구가 될 수 있다. 사랑의 관심이 쓸데없는 잔소리가 될 수 있다. 부모는 주의 교훈과 훈계로 자녀를 양육해야 한다. 세상의 욕망으로 채워진 부모의 마음을 하나님의 사람으로 키우고자 하는 열망으로 전환해 놓아야 한다. 성경적인 진리도 아닌 고지론을 가지고 아이들의 정신을 병들게 만들지 않아야 한다. 일등이 아니어도, 최고가 아니어도 맡은 달란트를 통해 하나님의 일꾼으로 섬길 수 있음을 깨달아야 한다. 오대양 육대주를 누비는 영향력 있는 인물은 아니어도 하나님의 왕국을 위해 조용히 쓰임받는 사람이 될 수 있음도 인정해야 한다. 하나님의 말씀이 주도하는 자녀 양육의 길이 따라야 한다.

하나님의 사람에게는 말씀으로 통제받는 훈련이 되어야 한다. '내가 복음'이 만연한 이 시대에 하나님 말씀의 코드를 따라 살아가는 연습이 필요하다. 자기의 개성으로 충만한 시대에 하나님의 영광과 기쁨에 취한 그리스도인으로 남고자 결단하는 작업이 이루어져야 한다. 충성과 희생이 고리타분한 구닥다리 지식처럼 간주되는 시대에도 여전히 하나님을 기쁘시게 하는 삶임을 인정해야 한다. 주의 말씀이 세상의 흐름과 문화를 거절하는 독특한 삶을 알려준다.

너무 억울한 일이 있다. 누군가 자기 이야기를 다른 사람들에게 퍼뜨리고 다닌다. 직장에 있는 동료들에게 은연중에 유포하는 이야기로 자신은 희생제물이 되어 간다. 그런데 그 이야기를 들은 사람 가운데 어떤 이는 나에게 그 이야기를 들려준다. 듣고 보니 너무 속상하다. 사실이 너무 왜곡되지 않았는가? 어떻게 저렇게 거짓말을 할 수가 있을까? 완전히 반전된 사실 앞에서 분노가 치밀어 오른다. '당장 달려가 따져야지.' '가만두지 않을 거야.' '인간이라면 저럴

수가 없어.' 그런데 그것도 잠시 순간적인 생각이다.

하나님은 "분내기를 더디 하라"고 말씀하신다. 온유한 마음을 가지라고 말씀하신다. 예수님은 배신의 아픔 앞에서도 침묵하고 용서하셨다고 말씀하신다. 머릿속에 떠오르는 말씀이 발걸음을 멈추게 한다. 그 순간의 감정을 억제하지 못하고 그 사람에게로 달려갔다면 대판 싸움이 벌어졌을 것이다. 그러나 하나님의 말씀으로 통제되니 다툼이 다가오지 않는다.

그리스도인의 삶은 자기 생각과 감정의 통제를 받는 삶이 아니다. 자기 생각과 감정을 넘어 하나님의 말씀에 통제받으며 살아간다. 자기 감정과 자기 주장에 충실한 그리스도인은 사탄의 유혹에 흔들릴 때가 많다. 그러나 하나님의 말씀의 간섭에 충실해보라. 사탄의 달콤한 유혹이든지, 음흉한 유혹이든지 사자처럼 달려드는 고난 앞에서도 능히 물리칠 수 있다. 사탄은 말씀을 멀리하는 그리스도인을 좋아한다. 하나님의 말씀을 묵상하지 않는 그리스도인이 공격 대상 1순위이다. 하나님의 말씀은 알지만 순종하지 않는 그리스도인은 절대 사탄과 대적할 수 없다. 한 주간 동안 장식용 성경으로 덮어두는 실력으로서는 사탄의 적수가 될 수 없다.

하나님의 말씀을 듣고 양심의 가책을 받는 것은 걸핏 보기에는 아픔이고 속상함이지만 사실은 축복이자 은혜이다. 왜냐하면 깨달음을 통해 죄 가운데로 나아가지 않기 때문이다. "그들이 이 말씀을 듣고 양심에 가책을 느껴 어른으로 시작하여 젊은이까지 하나씩 하나씩 나가고 오직 예수와 그 가운데 섰는 여자만 남았더라"(요 8:9).

성령은 하나님의 말씀을 통해 양심의 가책을 받게 할 것이다. 그때 두려워할 것 없다. 자존심 상해할 것도 없다. 분노할 필요도 없다. 당신으로 하여금 하나님의 사람을 만들어가는 하나님의 손길이기 때문이다. 그릇된 습관이 있음에도 하나님의 말씀이 느껴지지 않는다면 당신은 그 습관으로 인해 무너질 것이다. 죄 가운데 빠져 있는데 하나님의 말씀이 양심을 충동질하지 않는다면 당신은 이미 버려진 자나 마찬가지다.

삶의 모드를 예수님께 고정시키라

시니어 리더인 바울은 주니어 리더인 디모데에게 "너 하나님의 사람아"(딤전 6:11)라고 부른다. 에베소교회를 담임하고 있는 디모데는 늘 자신이 하나님의 사람임을 잊지 말아야 한다. 신분을 망각하게 되면 그가 입을 옷이 바뀔 수 있다. 하나님의 사람은 그리스도로 옷 입어야 한다. 신분에 맞는 옷을 입어야지 엉뚱한 옷을 입어서는 안 된다. 옷을 갈아입었으면 해야 할 것과 하지 말아야 할 것을 분별할 줄 알아야 한다. 버려야 할 것과 가져야 할 것을 구분해야 한다. 진흙탕에 뒹구는 돼지 같은 삶을 살아갈 수는 없다. 그러한 삶을 구분하는 것이 바로 성화이다.

성령으로 다시 태어난 그리스도인은 이제 의인이 되었다. 그리스도께서 이룬 의의 옷을 입었기 때문에 의인이라 불린다. 우리가 행한 의가 아닌 예수님이 십자가에서 이루어 놓으신 하나님의 의이다. 사탄이 법정에서 아무리 고소를 할지라도 재판장이신 하나님은 우리가 무죄라고 판결하신다. 그렇게 의롭게 된 성도는 이제부터 하나님과 의로운 관계 안에 머물러야 한다. 그러면서 점점 예수 그리스도를 닮아가야 한다. 참 하나님의 아들이신 예수 그리스도의 형상을 닮아가야 한다. 인생의 목적이나 비전, 생각, 태도, 그리고 사람들과 관계를 맺어가는 스타일도 예수님을 닮아가야 한다.

만약 하나님의 사람이 그런 모드를 설정하지 않고 엉뚱한 삶으로 설정되어 있다면 모드조정 과정을 겪어야 한다. 그것이 습관으로 고정되기 전에 모드조정 과정이 이루어져야 한다. 당신은 세상이라는 모드에 맞추어져 있는가? 아니면 하늘 모드에 맞추어져 있는가? 영의 사람 모드인가? 아니면 육체의 사람 모드인가? 로마시민의 만족에 맞추어져 있는가? 아니면 하늘시민의 만족에 맞추어져 있는가?

돼지는 우리 안을 이리저리 돌아다니고, 이것저것 닥치는 대로 주워 먹었다. 그때 갑자기 무엇인가 돼지 옆으로 떨어졌다. 빨갛게 잘 익은 감이다. 돼지는 얼른 먹었다. 꿀맛 같았다. 지금까지 맛보지 못한 기가 막힌 맛이었다. 더 먹고 싶었다. 주위를 둘러보았다. 하지만 감은 보이지 않았다.

꿀맛 같은 감을 찾아 꿀꿀거리며 우리 안을 다 뒤졌다. 하지만 감은 보이지 않았다. 돼지는 생각했다. '아까 먹은 감은 아마 땅속에서 솟아 나온 것인가 보다.' 그리고 주둥이로 땅을 이리저리 파헤쳤다. 정신없이 땅을 파헤쳤지만 감은 나오지 않았다. 돼지의 주둥이에서 피가 흘러내릴 뿐. 급기야 돼지는 기진맥진하여 쓰러지고 말았다. 그러나 꿀맛 같은 감을 잊지 못해 여전히 꿀꿀거렸다. 숨진 돼지의 등 위에 빨간 감이 또 하나 떨어졌다.

천국시민이지만 아직 세상의 달콤함에 도취되어 있지는 않은가? 하나님이 나를 이곳에 보낸 목적이 무엇인가? 나를 통해 무엇을 이루길 원하시는가? 이 땅에 고정시키고 있는 모드를 빨리 하늘로 재조정해야 한다. 그렇지 않으면 돼지처럼 꿀꿀거리다가 지쳐 죽어갈 것이다.

하나님의 사람 안에는 두 가지 소원이 동시에 일어난다. 하나는 성령으로 거듭났기 때문에 성령의 소욕이 있다. 그러나 아직 죄성을 지닌 육체를 입고 있기 때문에 육체의 소욕도 일어난다. 이 두 가지 소원이 뒤엉켜 한바탕 전쟁을 치른다. 마음의 전쟁을. 하나님은 가인이 죄를 다스리기를 원하셨다. 그러나 가인은 죄의 소원을 거절하지 못했다. 오히려 죄의 노예로 굴복함으로 동생을 살해하고 말았다. 분노의 감정에 사로잡혀서. 그렇다. 육체에 매인 성도는 육체의 소욕에 더 민감하게 반응할 것이다. 그러나 성령으로 충만한 그리스도인은 성령의 소욕에 민감하게 반응한다. 당신은 성령의 사람임을 잊지 말아야 한다. 성령이 통제하는 삶을 살아갈 때 그 흔적은 성령의 열매로 남는다.

일상에서 성령이 말씀하시는 음성을 들을 수 있어야 한다. 그렇다고 신비주의 신앙을 가지라는 말이 아니다. 하나님의 말씀을 통해, 양심의 법을 통해, 때로는 사람들이나 환경을 통해 말씀하시는 성령의 음성을 들을 수 있어야 한다. 하나님은 당신의 영을 살리셨다. 살아난 영은 하나님의 영인 성령과 교통할 수 있다. 성령이 당신의 영을 만지도록 해야 한다.

때때로 이렇게도 하고 싶고 저렇게도 하고 싶은 강한 욕구가 일어날 때가 있다. 인간 안에 있는 심연의 욕구가 불쑥 일어난다. 감정으로 뒤범벅된 육체의 욕구가 나온다. 그러나 성령이 내 마음을 장악할 때까지 기다려야 한다. 성령은 살아 계신 영이시다. 인격적인 분이셔서 일상에서 교제하신다. 육체의 이끌림에 충실한 게 아니라 성령의 이끄심에 충실한 삶을 살아야 한다. 그렇지 않고는 죄를 향하고자 하는 강한 습관을 끊어버릴 수가 없다.

그리스도인은 주인이 바뀌었다. 마음의 왕좌에 앉아 있던 나를 좌천시켰다. 그리고 예수 그리스도를 왕좌에 모셨다. 마음속에 주인처럼 모셔오던 감추어둔 우상들을 포기해야 한다. 예수 그리스도께서 유일한 주인이 되게 해야 한다. 그리스도인의 삶은 먼저 주인 바꾸기에서 출발해야 한다. 그러나 주인이 바뀌었다고 해서 다 해결되는 건 아니다. 그리스도의 주재권 아래 머무는 훈련을 해야 한다. 그리스도께서 주인으로서 사실 수 있도록 종의 자리를 철저히 지켜야 한다.

애굽에서 오랫동안 노예생활을 했던 이스라엘 백성들은 노예근성을 벗기가 힘들었다. 애굽에서 보고 경험했던 우상의 그늘에서 벗어나기가 힘들었다. 그래서 새로운 출발을 했으면서도 옛 삶에 머물려고 했다. 새 출발을 하려던 라헬 역시 우상 단지인 드라빔을 몰래 훔쳐서 출발하지 않았던가! 왕의 자리를 찬탈하려는 헛된 욕망을 갖지 말아야 한다. 주인의 자리를 엿보는 야비함을 버려야 한다. 그리스도께서 주인으로 사실 수 있도록 자리를 마련해 드려야 한다. 그러기 위해서 날마다 그리스도에게 집중하는 훈련을 해야 한다.

히브리서 기자는 하나님의 부르심을 받은 성도들을 향해 당부한다. "예수를 깊이 생각하라"(히 3:1). "예수를 바라보자"(히 12:2). 사냥꾼이 사냥할 짐승만 주시하듯이 그리스도인은 예수님만 주시해야 한다. 만약 우리가 그리스도에게서 집중력이 떨어지면 주변 환경과 사람들이 크게 느껴진다. 세상에서 즐기던 것이 배설물이 아니라 매력적인 것으로 눈에 들어온다.

마음이 끌리는 것을 자꾸 생각하고 있는가? 감정이 쏠리는 것에 충실해지려 하는가? 바울은 자신을 유익하게 하던 모든 것으로부터 그리스도를 아는 것으로 모드를 완전히 전환했다. 우리도 바울처럼 모드를 전환해야 한다. 사탄이 주는 달콤함을 그리스도께서 주시는 불편함으로 모드를 전환해야 한다. 땅의 것에 대한 매력으로부터 하늘의 것을 사모함으로 모드를 이동해야 한다. 그래야 죄로 얼룩진 습관 덩어리를 내던질 용기가 일어난다.

그래서 청교도 신학자이자 「내 안의 죄 죽이기」의 저자인 존 오웬은 이런 말을 했다. "죄 이기기에 승리하고 그리스도를 떠나는 것보다 죄 이기기에 실패하고 그리스도를 바라보는 것이 낫다(눅 18:9-14). 진정한 승리는 내가 죄를 이기는 것이 아니라 내 안에 계신 그리스도께서 승리하시는 것이다. 내 승리에 대한 지나친 자기만족을 경계할 뿐 아니라 내 실패에 대한 지나친 자기연민도 경계해야 한다. 한 번의 승리가 나를 천사로 만들지 않는 것처럼 한 번의 실패가 나를 영원한 패배자로도 만들지 않는다. 성공하든 실패하든 그리스도를 바라보는 것이 더 중요하다."

날마다, 순간마다 그리스도를 생각하고 그리스도를 바라보는 습관을 길들이라. 그것이 궁극적으로 죄를 이기고 죄의 습관을 정복하는 비결이다. 우리가 죄를 이기는 게 아니다. 우리 안에 계신 그리스도께서 죄를 이기시는 것이다. 그러므로 우리가 할 최선의 일은 지독하게 주님을 생각하고 집중하며 바라보는 것뿐이다.

곁에 있는 믿음의 공동체와 함께하라

"그러므로 함께 하늘의 부르심을 받은 거룩한 형제들아 우리가 믿는 도리의 사도이시며 대제사장이신 예수를 깊이 생각하라"(히 3:1). 나는 지금 '함께'라는 단어에 주목한다. 함께 하늘의 부르심을 받았다. 믿음의 동지들이다. 거룩한 나그네의 삶이 혼자가 아니다. 머나먼 여행길을 함께 걸어가고 있다. 연약한 자들이고, 초라한 디아스포라 기독교인들일지라도 그들은 함께하는 믿음의 동역자들과 함께하고 있다.

초대교회 그리스도인들은 우리와는 달리 예수님을 왕으로 모시는 삶을 산다고 고집하는 것 때문에 엄청난 핍박과 박해를 받았다. 어떤 이는 인간 바비큐가 되어 불사름을 당했다. 장작불에 펄펄 끓는 기름에 던져지는 그 고통을 어떻게 형언할 수 있단 말인가? 커다란 원형 경기장에 던져져 며칠 동안 굶주린 맹수들과 혈투를 벌이기도 했다. 그 혈투를 지켜보면서 술잔을 나누고, 가무를 즐기는 사람들을 생각하면 피가 거꾸로 솟구칠 지경이다.

아, 믿음의 사람들이여! 얼마나 번민이 많았을 것이며, 얼마나 갈등이 많았을까? 얼마나 고통스러웠을까? 그런데 이들에겐 믿음의 동지가 함께 있었다. 하늘나라까지 함께 위로하고 격려하며 마지막까지 완주할 동역자들이. 이들이 이루는 공동체 안에는 능력이 있었다. "또 형제들아 너희를 권면하노니 게으른 자들을 권계하며 마음이 약한 자들을 격려하고 힘이 없는 자들을 붙들어주며 모든 사람에게 오래 참으라"(살전 5:14).

공동체 안에 있는 지체가 어떠하든지 그들은 서로 권면하고 경계하며 부둥켜안아야 할 가족이다. 서로 격려하고 붙들어주고 지탱해주면서 함께 가야 할 자들이다. 어떤 일이 있을지라도 서로를 향해 오래 참아주어야 한다. 누가 뭐래도 교회는 세상에서 볼 수 없는 대안 사회여야 한다. 이 세상에 임한 하나님의 왕국이어야 한다.

믿음생활을 하면서 믿음의 둥지를 떠난 사람은 불행하다. 더불어 살아갈 사람들이 있는데 나 홀로 서 있는 것은 바보 같은 짓이다. 공동체에서 부여받을 힘이 있는데, 공동체 지체들로부터 받을 수 있는 조언과 충고가 있는데, 지치고 힘들 때 그래도 기댈 수 있는 언덕이 있는데, 막막하고 답답할 때 피할 수 있는 피난처가 있는데, 그런데 믿음의 공동체를 떠날 게 뭔가! 영적 공동체에서 나오는 힘을 활용해야 한다. 믿음의 지체는 갈등하고 싸워야 할 존재가 아니다. 시기하고 질투할 경쟁상대가 아니다. 더불어 힘을 부여해줄 공동운명의 동지이다. 어려운 일을 함께 상의할 수 있는 사람들이다. 고민을 함께 나누고 해법을 찾아갈 사람들이다.

남편의 문제로 갈등하고 있는 성도를 안고 위로할 수 있는 공동체, 시어머니 문제로 우울증이 찾아온 지체를 세워줄 수 있는 지체, 사춘기에 접어든 자녀를 둔 엄마에게 버틸 수 있는 용기와 헤쳐나갈 수 있는 지혜를 함께 나누는 동역자, 그들이 공동체 안에서 나를 기다리고 있다.

남에게 내보이기 어려운 죄의 문제를 가지고 고민하는가? 지체와 함께 지혜롭게 나누면서 죄의 쇠사슬을 끊을 용기를 내보라. 그리스도인으로서 부끄러운 습관의 고리를 끊지 못해서 가슴앓이하고 있는가? 당신의 고민을 함께 나눌 지체, 당신을 도와 부끄러운 습관을 끊을 수 있도록 격려의 박수를 아끼지 않을 하나님의 사람들이 곁에 있다는 사실을 잊지 말아야 한다.

할 수만 있다면 당신의 고민거리를 함께 나누라. 함께 기도해주기를 요청하라. 그들의 지지와 도움을 받아라. 때로는 그들 앞에서 과감히 선포하는 용기도 필요하다. 담배를 끊어버리겠다고. 술을 끊어버리겠다고, 이성 친구를 만나지 않겠다고, 늦게 일어나는 습관을 버리겠다고. 물론 그것이 수치가 되지 않도록 비밀을 지켜주어야 하리라. 좋은 의도에서라도 다른 사람에게 발설하지 않도록

신의를 지켜주어야 하리라.

힘든 여행길에 친구가 있다는 게 얼마나 행복한 일인가? 다니엘에게 사드락과 메삭과 아벳느고가 있다는 건 행복한 일이다. 다윗에게 요나단과 같은 절친한 친구가 있다는 것은 얼마나 다행한 일인가? 마음을 나눌 친구가 있기에 번민을 줄일 수 있다. 절친한 친구는 가족보다 더 유익할 수 있다. 고통과 고민을 함께 나누어 마음의 안식과 평안을 얻을 수 있기에. 아무 때나 전화할 수 있고, 아무때나 불러낼 수 있는 다정한 친구. 친구에게 하지 못할 말이 뭐가 있겠는가? 친구이기에 이해해준다. 고민과 아픔을 함께 공감해준다. 남들은 다 정죄해도 감싸주는 게 친구이다.

그러나 친구가 나를 포장해주고 지지해 줄 수만은 없다. 때로는 비판을 위한 비판자가 아니라 건설적인 비판자가 되어야 한다. 내가 보지 못하는 것을 볼 수 있게 해주는 친구, 객관성을 잃어버린 나에게 객관적으로 바라보고 생각할 수 있도록 해주는 친구, 그래서 더 큰 낭패를 피할 수 있게 해주는 친구, 잘못 가고 있는 길을 바른길로 안내할 수 있는 친구, 순간 섭섭하다는 생각도 들기는 하지만 진정으로 나를 위한 쓴 말을 해줄 수 있는 친구. 그래서 지혜의 왕 솔로몬은 말한다. "친구의 아픈 책망은 충직으로 말미암는 것이나 원수의 잦은 입맞춤은 거짓에서 난 것이니라"(잠 27:6).

나는 힘든 기도 제목이 있을 때면 친구들에게 전화한다. 때로는 만나기도 한다. 기도원에서 기도하는 중에 전화하면 열 일 제치고 달려온다. 함께 고민하고 기도하고 하나님의 뜻을 찾아가기 위해 대화를 나누기도 한다. 그러면서 더 지혜로운 길을 모색해 나간다.

당신의 인생에 도움을 줄 멘토를 갖고 있는가? 멘토란 인생의 안내자, 상담자, 조언자, 격려자, 후원자이다. 혼자서 살아갈 수 없는 게 인생이다. 혼자서 다 해결할 수 없는 게 인간사이다. 지식과 지혜의 한계에 봉착한다. 개인이 가진 자원과 능력의 결핍도 느낀다. 그래서 좀 더 경험 있고 경륜 있는 사람을 곁에 두는 것은 매우 중요하다. 나에게도 몇몇 멘토가 있다. 힘들 때 그분들의 조언과 도움을 요청한다.

사실 내 개인의 일이기에 나보다 많이 고민하고 생각하고 기도하는 사람은 없다. 자신을 가장 잘 도와줄 사람은 바로 자신이다. 그러나 어떤 문제가 터지고 나면 신경조직이 한쪽으로 쏠린다. 그래서 객관성을 잃게 되는 경우가 많다. 아무리 이성적이고 합리적으로 대처하려고 하지만 이미 이성적인 작용이 마비되는 게 보통이다. 그래서 멘토가 필요하다. 인생을 한 차원 더 깊이 볼 수 있는 사람이면 더 좋겠다. 겉만 보는 사람보다는 이면의 세계까지 깊이 통찰할 수 있는 사람이면 더 유익하리라. 내가 두는 바둑판보다 한 수 위를 둘 수 있는 멘토이면 금상첨화이리라.

당신이 고민하고 있는 것을 그들에게 내놓고 조언을 들어보라.

창피하다는 생각보다 중요한 건 더 나은 인생을 누리는 것이다. 자존심보다 소중한 일은 더 멋진 삶을 살아가는 것이다. 당신 주변에 있는 멘토가 당신을 그러한 삶으로 안내할 것이다. 물론 우리의 영원한 멘토이신 주님을 잊어서는 안 된다. 우리의 영원한 상담자이자 변호사이신 보혜사 성령을 의지해야 하리라. 그리고 완벽한 인생의 내비게이션인 성경을 가까이해야 하리라.

CHAPTER 9

일상생활에서
거룩한 습관을 들이라

그리스도인들은 성경적인 세계관과 마인드를 가지고 있기 때문에 믿지 않는 사람들보다 더 잘살고, 더 좋은 습관을 지니고 있어야 한다. 세상을 보는 태도, 사물이나 사람을 바라보는 생각, 일상적인 생활 습관에서도 예수 그리스도를 따라가기 때문에 세상 사람들보다 더 나은 삶을 살 수밖에 없다.

그래서 존 스토트는 "우리의 생활 습관은 우리가 그리스도를 어떤 모습으로 마음속에 그리는지, 또 믿는지에 달려 있다"고 말한다. 우리의 습관은 성경적이어야 한다. 하나님이 기뻐하시지 않는 습관을 지니고 있다면 우리는 그 습관을 과감히 정리해야 한다. 그리고 새로운 습관으로 바꾸어 나가야 한다.

그래서 바울은 "그리스도로 옷 입으라!"고 권면한다. 옛 옷은 벗어버리고 그리스도 안에서 새로운 옷으로 갈아입어야 한다. 마찬가지로 옛 습관은 버리고 새로운 습관을 지녀야 한다. 새로운 습관은 옛 습관을 밀어내게 한다. 그러나 옛 습관에 매여 있으면 새로운 성경적인 습관이 들어올 틈이 없어진다.

친구들과 어울려서 술 마시기를 좋아하는 사람은 성경을 읽고 기도할 습관을 들일 수가 없다. 새로운 습관을 지니기 위해서는 반드시 옛 습관을 끊고 청산해야 한다. 그렇다면 일상생활에서 만들어가야 할 거룩한 습관들은 무엇일까? 종교역사학 박사 스티븐 코비는 습관을 만들기 위해 "우리가 무엇을 해야 하고, 왜 하는지"를 아는 인식과 "어떻게 해야 하는가?"의 방법을 알아야 하고, "하고 싶어 하는 것"에 대한 욕구와 동기라는 세 가지 차원이 필요하다고 말한다.

예를 들면 경청하는 습관을 형성하기 위해서는 세 가지 요소가 필요하다. 먼저, 상대방과 효과적인 대인관계를 맺기 위해서는 상대방이 하는 말을 경청하는 태도가 절대적으로 필요하다는 사실을 아는 인식이 필요하다. 그뿐만 아니라 다른 사람의 말을 경청하는 방법인 기량(skill)을 가지고 있어야 한다. 그럼에도 경청하고자 하는 욕구가 없다면 습관으로 만들어지지 않는다.

"당장!"이라는 말을 기억해야 한다. 나쁜 습관을 떨쳐버리는 일을 미루지 말아야 한다. 좋은 습관을 들이는 일을 미루지 말아야 한다. 당장 변화를 위해 새롭게 시도해야 한다. 성령은 행동하는 자를 도우신다.

결단을 하고 실행에 옮긴다고 하루아침에 달라지는 건 없다. 시간이 필요하다. 일단 3주 전략을 세워보라. 한 사람이 습관을 형성하는 데는 최소 3주 정도의 기간이 필요하단다. 그것보다 더 필요하다면 더 긴 시간을 연습하고 훈련해야 한다. 몸에 밸 때까지. 필요하다면 네트워크를 형성해 봄직하다. 혼자만의 의지로는 어려울 수 있다. 주변 사람들과 협력하면 훨씬 더 효과적일 수 있다.

회개하는 겸손한 영적 습관을 들이라

고령의 사도 요한은 가이오에게 이렇게 인사한다. "사랑하는 자여 네 영혼이 잘됨같이 네가 범사에 잘되고 강건하기를 내가 간구하노라"(요삼 1:2). 건강에도 영적인 질서가 있다. 영혼이 잘되어야 범사가 잘되고 강건해질 수 있다. 전자가 막히면 후자도 막히게 된다. 전자가 확 뚫려야 후자가 잘된다. 그렇다면 그리스도인이 관리해야 할 습관은 무엇보다 영혼을 위한 습관이다. 영혼이 죽으면 다른 습관은 무용지물일 수밖에 없다.

영혼이 풍성한 삶을 누리기 위해서는 먼저 회개하는 습관부터 길들여야 한다. 세례 요한은 유대 광야에서 "회개하라. 천국이 가까웠다"라고 선포했다. 천국을 맞이하려는 자에게 회개는 필수불가결하다. 세례 요한은 메시아의 길을 예비하는 자이다. 높은 마음을 낮추고, 낮은 마음을 높이는 경지작업을 하기 위해 왔다. 예수님의 메시지 역시 동일했다. 예수님도 천국을 선포하시면서 임박한 진노를 준비하기 위해 회개해야 한다고 말씀하셨다. 회개가 없이는 풍성한 하나님 왕국의 삶을 누릴 수 없다.

다윗은 파렴치한 범죄를 저질렀다. 그러나 그가 가진 장점은 회개할 줄 아는 사람이었다는 것이다. 시편 51편을 보라. 그는 밧세바와 동침한 후에 엄청난 회개를 한다. "무릇 나는 내 죄과를 아오니 내 죄가 항상 내 앞에 있나이다"(시 51:3). 다윗은 자기 안에 정한 마음을 창조해 달라고 부르짖는다. 주의 성령을 거두지 말아달라고 몸부림친다. 주의 구원의 즐거움을 거두지 말아달라고 간청한다. 너무나 절박하게.

하나님의 말씀은 우리의 마음에 찔림을 준다. 베드로가 설교할 때 사람들은 마음이 찔려서 회개했다. 그때 성령으로 충만하게 되었다. 그런데 또 다른 양상도 나타난다. 양심의 가책을 받고 마음이 찔리면 회개하는 게 아니라 마음이 더 완악해져서 대적하는 자도 있다. 자신의 죄를 감추려 한다. 더 완악한 태도를 취함으로써 자신의 불의함을 회피하려 한다. 그런 자는 더 큰 은혜의 세계로 들어갈 수 없다.

하나님의 더 큰 은혜는 항시 회개하는 겸손한 마음을 가진 자에게로 흘러내린다. 상한 마음을 달라고 기도하라. 애통하고 회개하는 심령을 달라고 간구하라. 성령이 지적하실 때 변명하지 말아야 한다. 감추지 말아야 한다. 회피하려고 애쓰지 말아야 한다. 인정하고 토설해내야 한다. 그때 하늘의 평화와 기쁨으로 채우실 것이다.

당신의 영적인 삶을 부요하게 하기 위해 영성일기를 쓰는 습관을 들여보라. 학창시절에 썼던 일기를 생각하면 된다. 영성일기는 주님과 동행하는 삶의 일상을 기록하는 것이다. 먼저 주님의 임재를 확신해야 한다. 세상 끝날까지 함께하겠다고 약속하신 주님은 당신의 모든 삶에 동행하신다. 그렇다면 당신이 해야 할 작업이 있다. 그것은 24시간 주님을 생각하는 것이다. 주님을 생각하면서 주님과 동행했던 일상생활을 기록하는 것이다. 주님과 동행한 느낌, 주님과 동행함으로써 일어난 삶의 변화, 그 속에서 주님이 당신을 어떻게 인도해 가시는지를 기록해보라.

많은 그리스도인이 엄청난 삶의 변화를 고백하고 있다. 주님이 살아 계심을 느끼고 있다. 물론 쉬운 일이 아니다. 하루아침에 이루어지는 것도 아니다. 의식적으로 집중하는 훈련이 필요하다. 그렇게 습관으로 자리 잡으면 당신의 삶은 놀랍게 변할 것이다.

당신은 예배하는 자인가, 아니면 예배를 보는 자인가? 예배를 통해 하나님의 임재를 경험하고 있는가, 아니면 예배 속에 드러나는 하나님의 영광을 바라보는가? 예배 속에서 당신은 충분히 헌신되어 있는가? 형식적인 예배로는 불가능하다. 누군가의 강요 때문에 나오는 것으로는 아무런 의미가 없다. 그런 예배는 지루하다. 지겨워서 시계만 들여다보게 된다. 졸다 가는 예배가 무슨 소용이 있단 말인가?

성도들이 드리는 예배 태도를 풍자한 글이 있다.

- 설교시간에 멀거니 강단을 응시하는 멀대파

- 주보에 밑줄 긋고 교정까지 보는 꼼꼼파

- 졸면서 끄덕끄덕 콤마를 찍는 아멘파

- 수시로 시계를 들여다보는 안절부절파

- 옆 사람과 글로 대화하는 청각장애파

- 예배 후에 있을 회의만을 생각하는 회의염려파

- 설교시간에만 성경 읽기로 시간을 때우는 나홀로파

- 찬송을 부를 때 입만 벙긋대는 붕어파

- 기도시간의 틈을 노려 묵상(?)에 잠기는 기회주의파

- 누가 왔나 안 왔나 두리번거리며 인원을 체크하는 경비파

아직까지 허겁지겁 달려와서 제일 뒷자리를 지정석으로 잡아두고 있는가? 설교를 잘하는지 못하는지 평가하기 위해 앉아 있지 말고, 설교자를 통해 오늘 나에게 주시는 하나님의 음성에 집중하라.

당신의 영적인 부요함을 위해 경건의 시간(QT)을 확보해보라. 젊은이들은 QT에 대해서 익숙하다. 그러나 그게 왜 젊은이들의 점유물이 되어야 하는가? 누구나 누려야 할 영적 습관이 아닌가? QT를 생활화하기 위해서는 규칙적으로 시간을 떼어놓을 필요가 있다. 매일 하는 게 중요하다. QT는 혼자 하는 것보다 다른 지체들과 함께 나눔을 가지는 게 좋다. 함께 나눌 때 내가 발견하지 못한 또 다른 은혜를 경험하게 된다. 교회적으로 QT 소그룹을 만들어주는 것도 좋은 방법 중 하나이다. 예배시간에 QT 간증을 하는 것도 매우 유익할 것이다.

기도하고 찬양하는 습관을 길들이라. 영혼이 살아나는 것을 경험할 것이다. 일상생활에서 기도가 살아 있는 그리스도인은 하나님과 친밀함을 느끼며 살아갈 것이다. 기도응답을 통해 살아 계신 하나님을 날마다 경험하게 될 것이다. 그러니 신앙생활이 흥미진진하다. 찬양이 살아 있는 사람은 영혼이 살아 있다. 찬양을 상실하면 생기를 잃게 된다. 찬양은 영혼의 기름과도 같다. 혼자 하는 기도, 혼자 드리는 찬양도 중요하다. 그러나 다른 지체와 함께 기도하고 찬양하는 습관을 들여보라. 교회의 분위기가 달라질 것이다. 영적인 분위기로 전환될 것이다.

감사로 시작하는 생활 습관을 들이라

　　자잘한 생활 습관이야말로 인생의 색깔을 수놓을 것이다. 인생이란 가느다랗고 잔잔한 일상생활이 함께 모여 이루어진 덩어리이다. 그렇다면 일상 속에 가지고 있는 습관을 점검해보는 게 중요하다.

　어느 날, 사탄이 자신의 사업을 그만 두려고 마음먹었다. 그래서 그동안 사용했던 모든 연장을 경매에 붙이기로 했다. 사탄은 멋진 양탄자 위에 그것들을 진열했다. 자기가 인간들을 미혹하고, 망하게 하고, 악하게 하며, 타락시키는 데 사용했던 도구들이다. 그런데 모든 도구 가운데 유난히 반짝이며 눈길을 끄는 것이 있었다.

　누군가가 물었다.

　"도대체 저것은 무엇이오? 어디에 쓰는 것입니까?"

　그러자 사탄은 자랑스럽게 말했다.

　"저 도구는 내가 가장 아끼는 것이다. 또 내가 가장 많이 사용한 것인데, 이름이 바로 '절망'이라는 것이다. 어떤 사람이 그리스도를 믿고 훌륭한 성도가 되면 내가 그의 마음에 절망이라는 것을 박고, 그는 이내 절망하고 낙심하여 아무 쓸모없는 사람이 되고 말지."

잠시 후 이 말을 듣고 있던 사람이 물었다.

"저, 혹시 그 연장을 사용해도 넘어가지 않은 사람은 없었나요?"

그러자 사탄이 머뭇거리며 대답했다.

"그야 물론 있었지. 그들은 매우 극소수이긴 하지만 내가 이 연장을 사용해도 절대로 넘어가지 않았어. 그들이 누구냐 하면 바로 항상 마음속에 '절대 감사'를 품고 사는 사람들이다. 그들은 자신의 생명과 그 삶의 모두가 하나님의 은혜라 생각하기 때문에 아무리 절망이라는 연장을 마음 판에 박아도 내가 도저히 감당할 수 없었단다."

최근 감사일기 쓰기운동이 일어나고 있다. 불평으로 물든 인생이 있다. 그러나 감사로 물든 인생이 아름답지 않겠는가? 당신의 인생을 감사로 물들이기 위해 감사일기를 쓰는 습관을 가져보라. 매일 감사한 일을 일기형식으로 써내려가는 것이다. 감사일기는 아닐지라도 하루 5감사 혹은 3감사를 생활화해보라. 감사를 통한 기적을 경험할 것이다.

칭찬은 고래도 춤추게 한다는 말이 있다. 사실 칭찬을 듣는 건 날아갈듯이 기분 좋은 일이다. 그와 못지않게 칭찬하는 것도 기분 좋은 일이다. 칭찬하는 사람은 영혼이 살아난다. 다른 사람을 신나게 한다. 그러니 관계를 잘 맺어가는 기술을 가진 셈이다. 칭찬도 습관이다. 칭찬하는 습관을 가지면 영적인 자유와 평온함으로 나아가게 만든다.

판단하고 비난하는 눈을 제거해 달라고 기도하라. 다른 사람의 허물과 결함을 보는 사람은 더 많은 판단을 받게 될 것이다. 그러나 칭찬해보라. 칭찬은 자석과 같아서 사람들을 끈다. 자기도 모르는 사이에 사람들의 존경을 얻게 될 것이다.

당신은 파괴자인가, 건설자인가? 협력자인가, 대적자인가? 매사에 협력하는 습관을 들여라. 목회자로서 협조적인 직분자나 일꾼이 얼마나 아름다운지 모른다. 그들을 보면 그저 기쁘고 즐겁다. 목회가 신난다. 그런데 비협조적이고 대적하려 하는 일꾼은 에너지를 빼앗아간다. 어떤 조직이나 공동체이든지 간에 적극적으로 협력하는 사람이 되라. 그게 조직 속에서 살아남는 법이다. 공동체 안에서 인정받고 칭찬받는 비결이다.

화평을 만들어가는 사람이 있는가 하면 화평을 깨뜨리는 사람도 있다. 싸움을 말리는 사람이 있는가 하면 싸움을 붙이는 사람도 있다. 주변 사람을 충동질해서 불화를 조장하는 나쁜 기질을 가진 사람이 있다. 그들은 공동에 안에서 절대 인정받을 수 없다.

위로하고 격려하는 습관을 가지고 있는가? 설교를 하고 나면 문자를 보내는 성도들이 있다. 오늘 목사님의 설교 너무 감사하다고, 내 속을 들여다보는 것 같아서 부끄러웠다고, 나에게 하나님의 음성을 들려주셨다고, 문제가 해결되었다고, 목사님을 보내주신 하나님께 감사한다고. 목사로서 너무 행복한 일이 아닌가? 얼마나 큰 격려가 되고 위로가 되는지 모른다.

가끔 공부하는 자녀에게 문자를 넣어보라. 네가 내 아들이어서 너무 행복하다고, 넌 존재 자체로 우리에게 자랑이라고, 공부를 잘해줘서 너무 감사하다고, 최선을 다하는 네 모습이 자랑스럽다고. 열심히 살아가려고 애쓰는 부모님에게 문자 몇 자 남겨보라. 우리를 뒷바라지하기 위해 땀 흘리는 아빠가 계셔서 우린 행운아라고, 매일 반찬 투정하는 우리를 위해 애써주셔서 너무 감사하다고, 공부도 잘하지 못하는 우리를 위해 수고하시는 부모님이 최고라고.

우리는 위로를 먹고 살고 격려를 받으며 버틴다. 만약 당신의 위로와 격려가 사라진다면 거친 세상을 어떻게 살아갈까? 위로와 격려는 고달픈 세상을 살맛나게 한다. 대중교통을 이용하는가? 그렇다면 그때 당신의 모습은 어떤가? 시끌벅적하게 수다를 떨고 있지는 않는가? 가끔 교회 이야기를 하면서 수다를 떠는 사람들을 보면 낯 뜨거울 때가 있다. 그럴 때는 조용히 있는 게 예의이다. 기독교인은 그런 기초 예절쯤은 알아야 한다.

자리가 비는가? 조금 힘겨워도 다른 사람을 위해 자리를 양보해

라. 자리 생기기가 무섭게 잽싸게 앉는 양체 인간 목에 십자가가 걸려 있어서 창피할 때가 있다. 다소 좀 힘들면 어떤가? 인생에 앉아 있어야 하는 고통을 겪어야 하는 때도 얼마나 많은가? 그런 날을 위해 좀 서 있는 연습을 하면 어떨까?

자선봉사를 해본 적이 있는가? 얼마나 자주? 정기적으로? 아름다운 습관이 아닌가? 누군가 도움을 필요로 하는 사람을 위해 무언가를 할 수 있다는 게 행복하지 않은가? 그들의 손과 발이 되어주고 그들의 가려운 곳을 긁어주는 사람, 우리의 마음을 시원하게 해주는 사람이다.

나는 책을 좋아한다. 그래서 책 읽는 게 즐겁다. 아니, 책 읽는 게 행복하다. 아이들은 그런 나를 보고 이상하다고 한다. 자기네들은 아빠와 너무 다르다고 한다. 내가 생각해도 그렇다. 그런데 아는가? 훌륭한 인사 가운데 책 읽기를 싫어했던 사람은 별로 없다는 사실을. 책은 마음의 양식이다. 하루아침에 표시 나는 건 아니다. 오랜 시간의 노력이 필요하다. 말하는 데서 표시 나고, 지혜가 필요할 때 표시가 난다. 특히 경건서적을 가까이하는 것은 영혼을 살찌게 하는 일이다. 부부간에 함께 읽어보라. 그리고 함께 토론해보라. 삶에 적용해보라. 삶의 현장이 바뀌는 것을 경험하게 될 것이다.

메모하는 습관을 길들여보라. 당신은 지혜자가 될 것이다. 실수를 줄여갈 것이다. 세상을 바라보는 눈이 달라진다. 창조적인 아이디어가 번쩍이게 될 것이다. 책을 쓰는 사람에게 메모하는 습관은 필수이다. 설교자나 강의하는 사람에게 메모하는 습관은 반드시 필요하다. 자주 잊어버리는 경향이 있다면 주저하지 말고 메모하는 습관을 길들여야 한다.

당신은 자기밖에 모르는 이기적인 사람인가? 아니면 배려심이 많은 사람이라는 말을 듣는가? 사람들은 배려할 줄 모르는 사람을 좋아하지 않는다. 매사에 남을 먼저 생각하는 습관을 길들이라. 자동차가 서로 꼬였는가? 그렇다면 눈치 보지 말고 당신이 먼저 양보하라. 옳고 그름을 따질 필요 없다. 버티기 작전에 돌입하는 인간보다 상대방을 배려해주는 매너가 훨씬 더 멋지다.

다른 사람의 말에 귀를 기울일 줄 아는 사람이 되라. 지도자라면 더욱더 경청하는 습관을 길들여야 한다. 우리는 말하고 싶은 욕구를 갖고 있다. 그러나 누군가 내 이야기를 들어주었으면 하는 바람도 있지 않은가? 바꿔놓고 생각해보라. 말을 하더라도 다른 사람의 말을 잘 듣고 해야 실수가 없다.

은혜가 넘치도록 내면세계를 가꾸어라

한 중년 여성이 심장마비에 걸렸다. 수술대 위에서 거

의 죽음을 경험했다.

그때 하나님을 만나서 물었다.

"제가 죽을 때가 되었나요?"

하나님이 대답하셨다.

"아니, 아직 40년은 더 남았지."

회복을 한 뒤 그녀는 병원에 남아서 성형수술과 지방 흡입술, 복부지방 제거수술까지 받았다. 아직 살날이 많이 남았으니 앞으로 남은 인생을 최대한 활용할 생각이었다. 마지막 수술까지 마치고 퇴원하는 길이었다. 횡단보도를 건너다가 차에 치어 그만 죽고 말았다. 하나님 앞에서 따졌다.

"제게 아직 40년이나 남았다고 하셨잖아요? 왜 저를 차가 오는 방향에서 빼내주지 않으셨나요?"

하나님이 대답하셨다.

"못 알아 봤다."

하나님도 못 알아보실 정도로 완벽하게 뜯어고치는 기술이 한국 사회이다. 외모지상주의 시대에 판박이 미인이 늘어난다. 그래서 아내가 웃으며 말한다.

"성형수술 때문에 나 같은 사람이 손해 보잖아!"

요즘은 못 생긴 사람을 찾아보기가 더 힘들어졌다. 여기저기 다

뜯어고쳤으니까. 그런데 아쉬운 게 있다. 마음은 뜯어고치려 하지 않는다는 것이다. 진정한 미는 내면의 미인데, 이제 외모지상주의 때문에 내면세계는 뒷전으로 밀려났다. 외모에서 내면으로 관심을 좀 돌리는 풍토가 되기를 기대해본다. 마음은 자기 자신 외에 그 누가 뜯어고쳐 줄 수 있는 게 아니다. 내면을 아름답게 가꾸기 위해 가져야 할 습관을 좀 점검해보자.

마음을 가꾸는 건 은혜를 받아야 한다. 하나님의 은혜를 받으면 마음이 저절로 아름다워진다. 만약 당신이 은혜를 받지 못한다면 그 원인을 점검해보라. 그 원인을 외부 탓으로 돌리지 말라. 자신에게 있는 문제를 발견해야 한다. 그래야 은혜를 받을 수 있는 길이 보인다. 당신의 고집이 완강하면 은혜의 물줄기는 옆으로 흘러간다. 깨지고 부서진 마음에 하나님의 은혜가 임한다. 하나님의 은혜를 거부하는 길은 간단하다. 당신의 마음을 교만으로 가득 채워보라. 은혜를 받는 길도 간단하다. 겸손으로 마음을 단장해보라.

성령이 충만한 사람은 마음이 넉넉하다. 성령은 우리의 마음을 온유하고 부드럽게 하신다. 마음이 강퍅한 사람이라면 자신이 성령 충만하지 않다는 사실을 깨달아야 한다. 성령은 평안과 기쁨의 열매를 만드신다. 그런데 당신 안에 평안과 기쁨이 없다면 영적인 삶을 점검해봐야 한다.

당신의 내면을 아름답게 하려면 관계를 점검해봐야 한다. 당신은 좋은 관계를 맺는 스타일인가? 아니면 관계를 파괴하는 스타일인가? 관계를 맺어가는 것도 습관이다. 어떻게 하면 관계를 더 좋게 하는지, 어떤 때 관계를 악화시키는지 점검해보라.

상처가 있으면 내면은 더럽혀진다. 어리석게도 사람은 상처를 깊이 묵상한다. 그래서 상처가 더 악화되어 간다. 상처는 흘러가는 강물에 집어던져야 한다. 지우개를 가지고 기억에서 지워버려야 한다. 훌훌 털어버리려고 노력해야지 기억해 내려고 하지 말아야 한다. 그런데 사람은 자신을 찌르는 복수심을 불태워간다. 그런 사람의 내면은 황폐해진다. 상처를 주님 앞에 맡겨라. 하나님은 보복할 권한을 우리에게 주신 일이 없다. 보복해야 할 것이 있다면 하나님에게 넘겨드려라. 하나님이 공의롭게 다스리실 것이다.

아름다운 내면을 위해서는 소망을 가져야 한다. 실패를 경험할 수도 있다. 좌절과 낙담으로 가득 찰 때도 있다. 더는 일어설 힘이 사라지는 느낌이 들 때도 있다. 그러나 아직까지 희망은 남아 있다. 소망이 없는 것은 스스로가 절망의 늪으로 들어가기 때문이다. 이 세상에서 가장 나쁜 질병은 절망이다. 소망이 사라지면 고칠 수도 없다. 소망이 사라진 마음에는 번민만 남는다. 고민과 염려가 가져오는 것은 썩어짐이다. 속이 다 썩는다. 얼굴이 일그러진다. 속이 불편하니 웃음꽃이 필 리가 없다.

이 세상에 소망이 다 사라진다 해도 우리에게는 하늘의 소망이 있다. 사람에게서는 한 가닥의 희망을 찾아보기 힘들어도 하나님에게는 여전히 희망이 남아 있다. 오늘 죽을 사람에게도 천국의 소망이 남아 있지 않은가? 이 세상의 유업이 다 망가져도 하늘의 유업이 남겨져 있지 않은가? 세상의 모든 것을 잃어도 희망만은 잃지 말아야 한다.

내면을 아름답게 가꾸어가려면 절제의 습관을 지녀야 한다. 절제는 두 가지로 나눌 수 있다. 하나는 물질적인 절제가 있다. 술이나 담배 같은 무익한 소비를 금지한다. 사치와 일락에는 돈을 쓰지 않는다. 자기를 위해서 쓰는 돈은 언제나 절제한다. 또 하나는 정신적인 절제가 있다. 분노가 일어날 때 노하지 않는다. 시기가 일어날 때 시기하지 않는다. 탐욕이 일어날 때 탐내지 않고, 음욕이 일어날 때 음란물을 가까이하지 않는다. 말을 많이 하게 될 때 그 말을 억제한다.

새해 벽두에 파산한 사람과 크게 성공한 기업가가 함께 기자회견을 하게 되었다.

먼저 파산한 사람에게 기자가 물었다.

"실패의 요인이 무엇이었습니까?"

"낭비였습니다. 사업이 한창 잘될 때 돈을 종이처럼 썼죠."

이번에는 성공한 재벌에게 물었다.

"기업이 일어선 요인이 무엇입니까?"

"절제였습니다. 사업이 한창 잘 될 때 종이를 금처럼 썼죠."

절제의 습관은 인생의 성패를 가늠한다. 인격은 절제에서 엿볼 수 있다. 절제할 줄 모르는 사람에게서 아름다운 인격을 찾아볼 수 없다. 절제란 없거나 모자라는 것을 말하는 게 아니다. 많지만 아끼고 삼가는 것을 뜻한다. 성경은 "믿음에 덕을, 덕에 지식을, 지식에 절제를"(벧후 1:5-6)이라고 가르친다. 절제는 믿음의 성숙을 대변한다.

부와 명예를 간절히 바라던 사람이 있었다. 하루는 꿈을 꾸었다. 그때 어떤 사람이 나타나서 이렇게 일러주었다.

"해 뜰 녘에 동구 밖 큰 나무 앞을 지나는 수도사가 있을 것이다. 그에게 '당신이 가진 보물을 주십시오'라고 구해서 그 보물로 행복하게 살아라."

잠에서 깬 그는 동구 밖 큰 나무로 가서 기다렸다. 정말로 수도사가 지나갔다. 그는 달려가서 말했다.

"당신이 가지고 있는 그 보물을 제게 주세요."

그랬더니 수도사는 두말하지 않고 그에게 보물을 꺼내주었다. 이 사람이 놀라서 물었다.

"이런 귀한 보물을 어떻게 알지도 못하는 저에게 주실 수 있습니까?"

"당신이 달라고 하지 않았습니까? 저도 그렇게 얻은 것이기에 드립니다."

그 말을 남기더니 유유히 자기 갈 길을 갔다. 보물을 얻는 사람은 너무도 기뻐서 가슴이 터질 것 같았다. 그런데 이내 깨달은 바가 있어 수도사를 좇아가서 말했다.

"선생님, 이 보물을 돌려드립니다. 이것 말고, 귀한 보물을 알지도 못하는 사람에게 선뜻 내줄 수 있는 당신의 그 부요한 마음, 그 마음을 제게 주십시오."

내면세계를 아름답게 가꿔가려면 마음에서 소리치는 탐욕의 소리를 들을 수 있어야 한다. 탐욕의 종이 되면 아름다운 내면을 가꾸어갈 수 없다.

인생의 방향을 결정하는 태도를 길들이라

어느 가정에 두 형제가 있었다. 이들의 아버지는 심각한 알코올 중독자였다. 어머니는 술 취한 아버지를 향해 고함을 질러댔다. 형제는 이렇게 열악한 환경에서 성장했다. 20년의 세월이 지났다. 그런데 이들 형제의 인생은 완전히 달랐다. 형은 의과대학의 저명한 교수가 되었다. 그리고 금주운동을 전개했다. 그런데 동생은 알코올 중독자가 되어 병원에 입원해 있었다.

자신들이 성장한 환경에 대해서 두 사람은 동일한 대답을 했다.

"알코올 중독자인 아버지 때문에…."

형은 비극적인 환경을 교훈삼아 희망의 삶을 개척했다. 그런데 동생은 환경의 노예가 되어 가계에 흐르는 저주를 그대로 이어받았다. 같은 환경에 부딪힐지라도 그 사람이 가지고 있는 태도에 따라 인생의 방향은 전혀 달라진다. 지금도 환경을 탓하고 있는가? 환경을 탓하며 원망 속에 살아가지 말고, 새로운 환경을 만들어가기 위한 반면교사로 삼는 지혜를 가져야 한다.

영국의 정치인 윈스턴 처칠은 말한다. "비관론자들은 기회 속에서 어려움을 발견하고, 낙관론자들은 어려움 속에서 기회를 발견한다." 당신은 어떤 사람인가? 매사에 밝은 면을 보는 낙관적이고 명랑한 사업가는 비관적인 사업가보다 대체로 성공률이 높다고 한다. 즉 태도가 성공과 실패를 결정한다는 것이다.

하버드경영대학원의 한 보고서를 보라. 기업의 성공 요인으로 정보, 지능, 기술, 태도가 필요하다고 한다. 기업 성공의 핵심적인 4가지 요소 중 중요 순위를 따져보면 정보와 지능, 그리고 기술을 합쳐도 불과 전체의 성공 요인 중 7%에 불과하다. 나머지 93%는 바로 태도가 차지한다고 한다. 즉 기업이 긍정적이냐 부정적이냐에 따라 그 기업의 성공을 93%나 좌우한다는 것이다.

브라이언 트레이시 인터내셔널의 회장 브라이언 트레이시는 자신의 저서 「성취심리」에서 태도가 중요함을 이렇게 역설한다. "태도가 성공의 85%를 좌우합니다. 오늘도 긍정적인 태도로 열심히 사는 하루 되십시오." 지금부터 우리가 살아가는 일상적 태도 습관을 한 번 점검해보자.

어떤 사람은 "난 이런 사람이야!"라고 하면서 자신이 가지고 있는 고집을 자랑삼아 말한다. "나는 한 번 한다고 하면 반드시 하고야 마는 성미를 가졌어." 좋은 말일 수 있다. 긍정적인 스타일일 수도 있다. 그러나 점검해봐야 한다. 그게 과연 합리적인 고집인지, 아니면 똥고집인지.

그리스도인은 거룩한 고집을 가져야 한다. 공동체의 유익과 사회의 선을 위한 고집, 자기 발전과 사회기여를 위한 고집, 그리스도의 몸인 교회를 세우기 위한 고집 같은 것 등. 전도회에서 전도하고 심방하자고 고집을 부려봤는가? 선한 고집이라면 얼마든지 부려라. 그러나 자기의 유익을 위해 고집을 부리면 안 된다. 합리성이 없는 고집은 안 된다. 만약 공동체나 조직에서 갈등과 분열을 조장하는 데 사용되는 고집이라면 빨리 포기해야 한다.

누군가 당신을 비난하고 비판하는 소리를 들어본 적이 있는가? 어땠는가? 견디기 어렵지 않았는가? 속상해서 몇 날 며칠 잠을 이루지 못하지는 않았는가? 그렇게 괴로움을 당해 봤으면서도 우리 역시 다른 사람을 비판하고 비난하고 있으니, 이 어찌 된 영문인가? 나에게도 흠잡을 만한 일이 너무 많으니 이제 비판하는 일에서 손을 떼면 어떨까?

남들이 나를 욕하고 비난할 때 어떻게 대응하고 있는가? 속상해서 부르르 떨지 말고 자신을 살펴볼 기회를 가져보자. '저렇게 생각할 수도 있구나'라고 생각해 버리자. 그래도 억울한 생각이 든다면 '인간이 저 정도밖에 안 되니 어째?'라고 생각해 버리자. 그리고 하나님에게로 나아가자. 거기서 하나님의 위로를 받자. 당신을 비방하는 그를 하나님에게 올려드리고 당신 영혼의 자유는 잃지 않기를 바란다.

혹시 다른 사람을 비판해야 한다고 생각하는가? 그렇다면 엄밀하게 점검해보자. 과연 내 비판이 합당한가? 개인적인 감정이나 보복은 아닌가? 합리적인가? 파괴적인 비판은 아닌가? 건설적인 비판이라고 할 수 있는 명분은 무엇인가? 이 비판을 통해 얻으려고 하는 게 무엇인가? 그리고 비판하는 방법과 절차에 문제는 없는가? 사랑하는 마음과 온유한 마음으로 바로 잡으려고 하는가? 그렇지 않다면 일찌감치 포기하라.

몇 해 전 육사출신 여자 대위가 차 안에서 총기로 자살한 사건이 있었다. 그녀는 서른한 살이었다. 듣기로는 얼굴도 예쁘단다. 육사를 다닐 때 공부도 너무 잘했단다. 앞으로 소령으로 진급할 장래가

촉망되는 여군이란다. 그런데 왜 자살을 했을까? 남편의 외도 때문이란다. 남편이 국가 중요기관의 여직원과 외도를 했다. 그 여직원도 결혼한 사람이란다. 여직원이 남편을 많이 좋아했다. 사고 나기 전날에도 부부가 전화로 심하게 다투었다. 결국 아내는 자살을 선택했다. 그를 알고 있는 사람은 말한다. "다른 남자를 만나도 얼마든지 좋은 사람을 만날 수 있는데 왜 죽어? 바보같이."

사실 그렇다. 남편의 외도를 덮어줄 수 없으면 다른 길도 얼마든지 있는데, 도대체 왜? 안타까운 선택이었다. 이게 바로 태도의 문제이다. 이런 문제로 고통받는 사람이 한둘이 아닐 것이다. 그들이 다 이런 길을 선택한다면 세상이 어찌 되겠는가? 삶의 문제에 대응하는 태도가 너무 중요하다. 그런데 이런 경우에 군 장교들이 자살을 많이 한단다. 왜? 자존심 때문에. '내가 누군데'라는 생각이 스스로를 견디지 못하게 한다는 것이다.

그러나 한 번 더 생각해보자. 그런 자존심을 지켜서 뭐할 것인가? 그 자존심이 주는 유익이 무엇인가? 남편에게? 자신에게? 어린 딸에게? 부모에게? 자존심을 지키려다가 남은 게 뭔가? 우리에게는 거룩한 자존심이 필요하다. 의를 위해 목숨 걸 자존심, 선을 위해 지키는 자존심, 공동체의 유익을 위해 지키는 자존심.

인생에는 오뚝이 근성이 필요하다. 실패하면 어떤가? 또다시 일어나면 되지. 실패할 수도 있지. 그게 그렇게 비난받을 일인가? 인간이란 어차피 실패할 수밖에 없는 존재가 아니던가? 문제는 일어나지 않고 포기하는 태도가 아닌가? 하나님을 지팡이로 삼고 일어나라.

고난을 걸림돌로 보지 말고 디딤돌로 대하자. 고난 없이 성공한 사람은 아무도 없다. 고난은 성공으로 가는 징검다리일 뿐이다. 고난의 현장만 뚫어지게 바라보지 말고 고난 너머에 있는 무지개를 바라보자. 고난을 다루시는 하나님이 계신 위를 바라보자. 그리고 하나님에게 도움을 요청하자. 하늘 사령관은 늘 당신의 편이다. 당신을 돕기 위해 항상 대기 중이시다.

■ 한걸음 더 성숙한 그리스도인의 삶을 위한 신앙고백 1

한걸음 더 성숙한 그리스도인의 삶을 살기 위해서
리모델링해야 할 나의 나쁜 습관은 무엇이라고 생각합니까?
이 책을 참고하여 구체적으로 정리해 보세요.

■ 한걸음 더 성숙한 그리스도인의 삶을 위한 신앙고백 2

한걸음 더 성숙한 그리스도인의 삶을 살기 위해서
리모델링해야 할 나의 나쁜 습관은 무엇이라고 생각합니까?
이 책을 참고하여 구체적으로 정리해 보세요.

■ 한걸음 더 성숙한 그리스도인의 삶을 위한 신앙고백 3

한걸음 더 성숙한 그리스도인의 삶을 살기 위해서
리모델링해야 할 나의 나쁜 습관은 무엇이라고 생각합니까?
이 책을 참고하여 구체적으로 정리해 보세요.